学級を最高のチームにする！
365日の集団づくり

中学2年

赤坂 真二 編著　久下 亘 著

明治図書

シリーズ発刊に寄せて

　「中学校や高等学校の学級経営に関わる書籍がない」という声を数多く聞きます。そのような現状の中で，まず，「学級を最高のチームにする！365日の集団づくり」の中学校編・高校編が刊行されたことを心から嬉しく思います。

　中学校や高校の学級経営，とりわけ，学級集団づくりがとても重要な状況になりました。私は，全国の学校に招聘されて校内研修に出かけていますが，少し前までは，依頼主は小学校が中心でした。しかし，近年は中学校が増えてきましたが，最近では高校からご依頼をいただくようになりました。

　その背景にあるのが，学習指導要領改訂の動きの中で，俄に注目を浴びるようになったアクティブ・ラーニングです。交流型の学習を進める上で，学級集団づくりは不可欠であることに気付いた学校が増えてきたのでしょう。一方で，そうした「これからの備え」ということだけではない本音が見えるご依頼もあります。

　校区内の小学校が，この学力向上ブームの中で，授業改善に熱心に取り組むのはいいのですが，その基盤となる学級集団を育てないために，学級崩壊を繰り返しているというのです。その荒れが回復しないままに，中学校に進学してくるので，集団生活を送ることができるよう，基礎的な部分から指導をしなくてはならないといった切実な事情もあるようです。小学校のときは，教師の目の届く範囲内で，それなりにやっていた子どもたちが，中学校，高校という教科担任制のシステムで，うまく適応しない事例が少なからず起こっているのでしょう。小学校が授業づくり（学力向上）に熱心に取り組む一方で，集団として訓練や社会性が未発達のまま，次の学校段階に送り込まれ，中学校や高校が社会性の育成をやり直さなくてはならないのは何とも奇妙な話です。

　いずれにせよ，学級経営の重要性は高まっているようです。平成28年12月

21日に示された,「幼稚園,小学校,中学校,高等学校及び特別支援学校の学習指導要領等の改善及び必要な方策等について(答申)」(中央教育審議会)(以下,「答申」)でも,学級経営の充実について述べられています。これまでの指導要領でもこのことについて触れられていました。しかし,今回は次のように,「これまで総則においては,小学校においてのみ学級経営の充実が位置付けられ,中学校,高等学校においては位置付けられてこなかった」ことを指摘し,「総則においても,小・中・高等学校を通じた学級・ホームルーム経営の充実を図り,子供の学習活動や学校生活の基盤としての学級という場を豊かなものとしていくことが重要である」と小,中,高と,一貫して学級経営をしっかりやっていこうとはっきり言っています。

しかし,アクティブ・ラーニングだけに注目すると,改訂の趣旨を見落としてしまうのではないでしょうか。アクティブ・ラーニングを理解するには,その背景から理解しておくことが必要です。図1は,先述の「答申」を受け

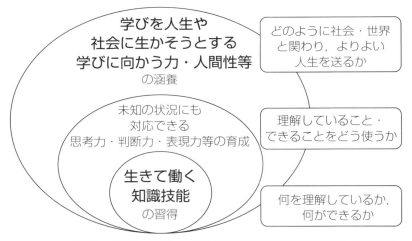

幼稚園,小学校,中学校,高等学校及び特別支援学校の学習指導要領等の改善及び必要な方策等について(答申)
平成28年12月21日(水)中央教育審議会

図1　次期指導要領における学力観(筆者作成)

て，私が作成したものです。

「答申」では，「子供たちの現状と課題」において，「学ぶことと自分の人生や社会とのつながりを実感しながら，自らの能力を引き出し，学習したことを活用して，生活や社会の中で出会う課題の解決に主体的に生かしていくという面から見た学力には，課題がある」と指摘しています。これまで，わが国の子どもたちは，国際学力調査では高いスコアを獲得してきました。しかし，それは，テストの点を取ることに長けていても，世の中に貢献するような力（実力）はついてこなかったということです。

学力は高いが実力はない

という判断です。「知識技能」は，生きて働くものであり，「思考力・判断

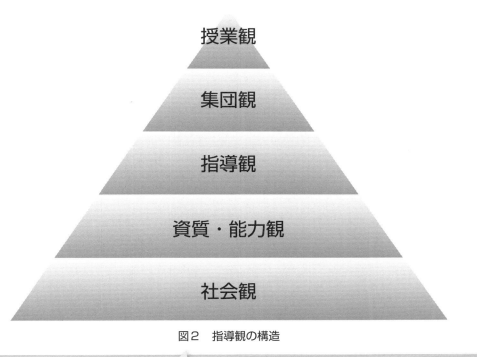

図2　指導観の構造

力・表現力等」は，未知の状況にも対応できるものであり，それらは，「学びに向かう力・人間性等」の涵養に向かっていくべきものなのです。

こうした力をつけるときに，クラスメートの後ろ頭を見つめながら，一部の子どもたちの意見を黙って聞きながら，ひたすら黒板を写すような授業を繰り返していて大丈夫なのかと問いかけているのがアクティブ・ラーニングの視点による授業改善なのです。教師の考え方「観」の構造を図2のように示すと，これから社会構造が変わり，社会のあり方が変わります。すると，求められる能力・資質も変わります。すると，それを身につける指導のあり方も，集団のあり方も変わります。したがって，授業も変わらざるを得ないということです。

子どもたちの「学びの場としての学級のあり方」が新たに問われているのです。このような状況の中で，職員室が世代交代を迎えています。指導層となるベテランの大量退職が進んでいます。私たちの時代は，困ったら気軽に先輩に聞くことができました。しかし，今はそれが難しくなっています。

ならば，教員養成の段階で何とかしなくてはと思いますが，残念ながら，現在の教員養成のプログラムにおいて，学級づくりに関する内容は標準装備されていません。普通に教員免許をとるだけでは，学級づくりを学ぶことができないのです。つまり，多くの新採用の先生方が，学級づくりにおいて丸腰の状態で現場に放り出されるような状態が続いています。そうした危機感を背景に誕生したのが本シリーズです。

本シリーズでは，高い機能をもつ学級集団の姿として「チーム」を構想しました。チームとは「一人では解決できない課題を，良好な関係性を築きながら解決する集団」です。アクティブ・ラーニングの本質をズバリと突いていると思います。そして，各学年の執筆者たちが「チーム」に向かう道筋を，中学校編は，学年別に1年間，高校編は3年間まるごと紹介しました。

本シリーズを執筆したのは，次の4人です。

中学校編の1年生は，岡田敏哉氏です。岡田氏は，英語教師，また柔道部一筋18年の中堅です。地域で，教科指導でも部活指導者でも期待を集める教

師です。近年は，ベテランと若手をつなぐミドルリーダーとしても活躍し，信頼を集めています。教科指導，部活指導，若手育成そして仕事術，すべてを高い水準でクリアする教師です。

　２年生の久下亘氏は，国語教師でありソフトボール部顧問です。久下氏は小学校教師の経験があり，小中（小８年，中５年）を通じて学級集団を自治的集団に育てることに尽力してきました。協同学習を学び，生徒が交流しながら学び合う授業づくりに早くから取り組んできました。フットワークの軽さで，各地の研修会に参加し全国の実力者と交流しながら，貪欲に学んできました。

　３年生の海見純氏は，国語教師でありソフトテニス部顧問です。海見氏は，学年主任として，若手が増加する地元で教育委員会公認の「達人教師」として示範授業などを行っています。若い頃から地元の仲間とサークルにおいて自らを磨くとともに，若手育成にも尽力してきました。何事も率先垂範で尊敬を集める20年目のベテランです。

　また，高校編の片桐史裕氏は，27年の高校勤務（国語）を経て，現在は，教職大学院で教員養成に関わっています。高校勤務時から，全国規模のサークルや学会に所属し，講座をしたり発表をしたりして，研究的視点で実践を磨き上げてきました。特に群読の講座は，参加者が楽しく学びながら一体感も感じるととても好評です。

　４人に共通していることは，
　　①　教科指導の高い実践力をもっていること
　　②　若手指導を育てる力をもっていること
　　③　職場で信頼されていること
です。信頼を集める教科指導のプロだからこそ，彼らが語る学級集団づくりに説得力があるのです。１年間の実践を公開できること（高校編は３年間），それが即ち，彼らの「実力の証明」です。どうぞ渾身の作をお手に取ってご堪能ください。

赤坂　真二

シリーズの読み方

　本書の構成は画期的です。各学年の1年間の実践が1冊に凝縮されていますが，スタートが3月です。3月は，学級づくりのゴールイメージです。

結果の質を決めるのは，目的の質

です。目をつぶってボールを投げて，的に当たるわけがありません。目的地を決めないでとりあえず出かけて，うまくどこかにたどり着いたとしても，それは，「誤った場所」に「順調に」到着しただけです。まずは，各執筆者のゴールイメージをよくお読み下さい。また，そのゴールイメージをもつに至った根拠となる基本的な考え方が第1章に示されています。考え方の違いはちょっとしたものかもしれません。しかし，スタート時は僅差でも，ゴール地点では大差になっていることがあります。

　それを実現するために，2か月ごとに分けた5期の取り組みがあります。各時期のページの分量を見ればわかるように，第1期（4月，5月）が多くなっています。ここからわかるのは，成果を上げている教師たちが，1学期，それも導入期の営みを極めて大事にしているということです。学級集団づくりは「後回し」にすればするほどリスクが高まります。

　しかし，学級づくりはロングランの営みです。1学期だけがんばればいいわけではありません。継続的に取り組むことが大事です。そこで，取り組みが順調であるかを診断するために，最終章に学級集団づくりのチェックポイントを挙げました。定期的に学級づくりを点検してみて下さい。人の営みは，やったつもりになっていることがよくあります。定期的な振り返りは，やったつもり，やったふりに陥ることを防いでくれます。

赤坂　真二

☆まえがき　～何のための「学級づくり」か～

皆さんは「中国の竹」という話をご存知ですか。

> 中国の竹の種は蒔いてから４年間，小さな芽が出るだけで，その間，根を張り続ける。そして５年目に，一気に25mも伸びる。
> ４年間根を張り続けたのは，この時の為である。
> うれしいことに，人生はこの中国の竹の話に似ていることが多い。
> まじめに働き，時間とエネルギーを注ぎ，成長するためにありとあらゆる努力をする。
> 数週間，数か月，あるいは数年間，何も成長が見えてこないときがある。そこであきらめることなく，忍耐強く，努力を続けていれば，竹のように５年目は必ずやってくるのだ。
>
> 　　　　　スティーブン・R・コヴィー『７つの習慣　成功には原則があった！』
> 　　　　　　　　　　　　　　　　　　　　　　　　　キングベアー出版　1996

　この話には２つのポイントがあると考えます。
　１つ目は，結果が今は目に見えなくても，努力は確実に根となって張られていて成功のチャンスに備えているということです。
　２つ目は，脆弱な根のまま成長したら，倒れて自滅してしまうということです。つまり，目に見えない根を張る時期が必要であるということを意味しています。
　中学２年生という学年は中学校段階の中間の学年です。
　１年生のときのような緊張感もなく，３年生もいるので，学校の中心として役割を求められることは学年の後半にならないとやってきません。
　だからこそ，２年生という時期は生徒にとって中国の竹のごとく，飛躍的に成長する日を夢見て，また，成長したときに倒れないようにするために

「強い根」を張る時期であると考えます。
　しかし，多感な思春期の真っただ中を迎えている２年生です。一筋縄にはいきません。
　がんばっても結果が出ず，あきらめたり，自信を失ったりすることもあります。
　周りはがんばっているのに，なかなかやる気が出ずに日々を漠然と過ごしてしまうこともあります。
　思春期の心はとても繊細です。
　その生徒と真正面から向き合い，互いに高め合う集団にするためにはどのような学級づくりをしていけばいいのか，本書では私なりに試行錯誤を重ねて行ってきた実践を軸にご紹介します。
　中学２年生の担任として体験したエピソードも交えて書きました。
　読者のみなさんの目の前にいる生徒たちと重なることも多いでしょう。
　本書を通して読者の方々の日々の指導の一助になれば幸いです。

　　　　　　　　　　　　　　　　　　　　　　　　久下　亘

シリーズ発刊に寄せて
シリーズの読み方
まえがき　～何のための「学級づくり」か～

第1章　自身の経験から考える2年生担任の心構え

第2章　3月　「中だるみの2年」と春休み

1　「中だるみ」が起こる発達段階　―24
2　「中だるみ」大歓迎！
　～2年生の弛緩が3年生での張りを生む？～　―25
　◆　中学生を謳歌する＝「中だるみ」をリフレーミング　―25
3　春休み　―26
　◆　"自覚と責任"を育み"個"の力を"集団"で高める
　　　＝学級のゴール像をもとう　―26

第3章　4月～5月　スタートの"丁寧さ"で1年の生活の強固な地盤に

1　始業式～新たなメンバーと"先輩"としてのスタート
　～入学式に見せる先輩としての姿～　―28
　1　学級開きで伝えたいこと　―28
　2　全員に成功体験を積ませ，学校生活への安心感をもたせる　―31
2　学級開き～最初の1週間～　―33
　1　「2年生だから」は要注意　―33
　2　関係づくりの再構築～縦糸と横糸を紡ぐ～　―34
　3　不登校生徒の学級開き　―44

　　　　4　ルール・システムのリセットと再設定　―45
　コラム　ロビー活動のときに考えること　―61
3　設定したものを定着させる〜最初の1か月〜　―65
　　　　1　ルールとシステムの定着　―65
　　　　2　人間関係の定着を図る　―67
　コラム　班ノートで横糸を紡ぐ　―74
4　授業　―76
　　　　◆　一律の授業システムを敷く　―77
　コラム　小集団交流を成立させるために　―81
5　授業参観・学級懇談会　―82
　　　　1　授業参観〜授業を通して，教師の人柄と安心して学べる授業を保障する〜　―82
　　　　2　学級懇談会〜自分の方針を伝え，保護者同士をつなぐ〜　―84
6　社会に生きる"個"を意識させる
　　〜職業体験学習を通じて大人の社会を"見せる"〜　―85
　コラム　あなたの学級のスペシャルは何ですか？　―87

第4章　6月〜7月　慣れが見える時期だからこそのテコ入れ

1　行事を通して，集団を強くする
　　〜陸上大会を通して学級のつながりを深める〜　―90
　　　　1　行事に向かう姿勢について語る　―91
　　　　2　望ましい姿の取り組みを紹介する　―92
　　　　3　本番後に取り組みの自他評価を行う　―94
2　慣れが生まれるこの時期だから意識して見直す　―96
　　　　1　教師の見立てのズレを知り，指導の改善を図る　―97
　　　　2　生徒同士が改善策を考え，学校生活の改善を図る　―98
　　　　3　学級目標，ルール，システム，関わりも同時に点検する　―100
3　定期テストで出口を意識させる　―101
　　　　1　3年生を意識させ，集団で学習に向かっていくように語る　―101
　　　　2　学級全体が学習に向かう時間をつくる　―103

第5章 夏休み　夏休みだからできること，夏休みにしかできないこと

1　生徒のネットワークにアンテナを張る　―104
コラム　他人事ではないネットトラブル　―107
2　部活動の主役として～上級学年から譲られるもの～　―108
3　夏休みに紡ぐ横糸～暑中お見舞い申し上げます～　―110
4　1学期の振り返りと2学期の戦略を立てる　―111
コラム　日々の出来事を記録する　―113

第6章 9月～10月　集団の成熟を目指した取り組みを中心に

☆長期休み後の再始動，最初の1週間が大事！　―114
　1　集団状況をチェックする　―114
　2　ルールやシステムを確認する　―115
　3　行事を柱に学級の成熟を目指す　―116
コラム　合唱コンクールは4月から始まっている？　―125

第7章 11月～12月　学校の中心として，伝統のバトンを受け取る

1　最上級学年への意識付けをさせる　―126
　◆　日常システムの変更　―126
2　学級の状態の中間評価　―132
コラム　交流中の教師の立場は？　―135

第8章 冬休み　学年の集大成に向けて，リフレッシュと準備を

第9章 1月〜2月　最上級学年を見据えた集大成を

1　学年行事の成功を学年のゴールの姿に〜学年行事「立志式」〜　―140
　　1　概要　―141
　　2　実施のねらいとインストラクション　―141
　　3　全員でつくる　―141
　　4　大人へ向けての自覚と責任　―142
　　5　立志式本番直前，そして本番の様子　―142
2　最上級学年を前に……　―143

第10章 3月　名実ともに学校の中心学年となる自覚をもたせてジャンプさせる

1　卒業式にどのようなことを言ってもらいたいかを考え，そこを目指して過ごすことを意識させる　―145
2　バトンゾーンを抜け，3年生へ……　―147
　　1　根を張った1年間を振り返り，次のステージへ最終助走をする　―147
　　2　学級解散式　―148

第11章 1年間を乗り切るコツ　1年間を乗り切るコツ

1　丁寧に"聴く"ことで紡ぐ縦糸　―150
2　本音のぶつかり合いから目を背けない　―152
3　担任は生徒の味方であると感じさせる　―153
4　凡事徹底〜当たり前の積み重ねが確実な"力"となる〜　―154
5　徹底した教室環境の整備，毎日の黒板メッセージ　―155
6　胸中の温氣　―159
7　生徒に求める姿を教師が見せる　―160

第12章 学級集団づくりチェックポイント20
～チームに育てるための定期点検リスト～

1　学級集団づくりにも定期点検を　―161
2　学級集団づくりチェックリスト　―162
3　いつも自分のあり方を見つめながら学級を見る　―170

あとがき　～現在から過去を見つめ，未来の自分へ～

第1章 自身の経験から考える2年生の担任の心構え

> **キーワード** 中学教師のあり方
> "思春期"という難しい年頃の生徒たち。そこにどう向き合いながら日々を送るのか。向き合う教師の"あり方"が問われます。私の経験をもとに"思春期"と向き合うあり方について考えます。

　私は中学校に勤務して，5年目を迎えます。そのうち2度，2年生の担任をしました。1度目は，小学校から異動して初めて中学校勤務になった年でした。2度目はその3年後でした。この2度はどちらも担任としてのあり方が違います。

　1度目の担任は初めて中学校に異動した年でしたので，中学校に勤務することがわかってからは

中学生になめられないように，とにかく厳しく接していこう

と決めて，中学2年生を担任しました。

　クラスにはA子という生徒がいました。A子は一見すると，非常に真面目でおとなしそうな印象がある生徒でした。その一方で，人の好き嫌いが激しく，好意的に感じる教師や友だちには満面の笑みでコミュニケーションを図るのですが，そうではない人だと，顔から一切の表情が消え，まるで能面のような顔で反応は返事だけしかしないというほど両極端な態度をとる生徒でした。

　彼女が1年生の頃の話です。担任の先生とは非常に良好な関係で学校生活を送っていました。しかし，年度途中で担任が産休に入ってしまい，代替の先生になりました。すると，A子は全くコミュニケーションをとらなくなり，毎日担任に提出する生活ノート（翌日の連絡と出来事を綴る連絡帳のようなもの）の過去のページをホッチキスですべて留めて見られなくしてしまった

ことがありました。
　そんなＡ子を担任した私は，とにかくＡ子のできていないところを見つけては「生活ノートが出ていないよ。早く書いてすぐに出しなさい」「提出物を早く出しなさい。出していないのはあなただけだよ」などとすぐさま注意し，厳しく指導することだけを繰り返していました。
　小学校に勤務していた経験上，「中学生だから，これくらいはできて当たり前だろう」「これくういのことができなくてどうする」といった思いを常にもち続けていたからこのような指導をしたのだと思います。
　また，授業態度はもとより，給食を食べる姿勢や食器の片付け方，掃除の仕方など日常生活に至るまで，とにかく，細かく指導していました。
　担任して47日目。事件が起こります。
　１学期の中間テストの日のことです。教室の黒板には「テストの心構え」という拡大プリントが貼られていました。私は朝学習の時間にそれを何の気なしに動かしました。すると，紙の後ろには私を中傷する言葉が大きく書かれていました。
　一瞬，何が起きたか理解できませんでしたが，すぐに怒りの感情が湧いてきて，大きな声で怒鳴り教室を飛び出しました。
　テスト終了後，朝の状況を見かねた学年主任が間に入ってくれ，生徒に話を聞いてくれました。しかし，誰が書いたかはそのときの指導ではわかりませんでした（卒業後，学校に遊びに来た生徒からＡ子がやったものであると聞かされましたが……）。
　朝の落書きに怒りを感じた私も，時間の経過とともに，「担任のあり方に対して生徒の多くが示した抵抗なんだな」と己の無力さを感じました。そして，「自分のあり方を変えていかなければ，思春期の生徒とつながることはできない。絶対に変わろう！」という思いが強くなりました。
　そこから，思春期の生徒とつながるにはどうしたらよいかを自問自答，そして，試行錯誤する日々が続きました。
　それでも，Ａ子を含めた生徒との関係が一気に修復することはありません

でした。ときには教室に行くのが嫌で仕方なく,「このクラス,早く1年が終わらないかな」と考えてしまうこともありましたが,学年の先生方にたくさんフォローをしていただき,何とか1年を終えることができました。

新学期を前にした春休み,学年をもち上がるかどうかの打診に,正直悩みましたが,学年主任の先生から,

心は「姿」に顕れる

「あなたがあいつら(生徒)と試行錯誤しながら日々を積み重ねてきた姿は,語らずとも(生徒には)伝わっている。何を隠そう,あいつらはあなたに学年に残ってほしいと思っている」という言葉をかけてもらいました。

その時の嬉しさは今でも忘れられません。今度こそ,最初から,真摯に生徒と向き合おうと決め,3年生をもち上げました。

一方,2度目の担任のときには,1度目の経験を活かした学級づくりを行いました。

まずは,生徒との関係づくりを徹底して行いました。そして,生徒同士の関係づくりへつないでいきました。関係づくりの詳細は各章で後述します。

この年の実践の一つに生活ノートが紡いだ生徒との信頼関係がありました。

B子は自称「人間嫌い」で,自分が本当に仲よくしたい人以外とは全く関わりをもとうとしませんでした。そのため,あらぬ誤解を招くこともたびたびありました。私から見ると,上手に人と関わることが苦手な生徒でした。

ですから,私とも口頭では一言,二言言葉を交わすだけで終わってしまうことが多く,どうコミュニケーションをとればよいかを悩んでいました。

そんな彼女も,唯一「生活ノート」にだけは自分の思いを書いていました。以下にその一部(B子が書いたものと私のコメント)を抜粋します。

学級開きから1か月ほど経った頃の記述です。

> 4月30日（木）
> B子：今日はいろいろとあり，一番は久下先生とおしゃべりできることが特に嬉しかったです。でも，1対1になると話が止まってしまいます。私はあまり人間という存在は好ましいものではないのですが，できるだけ他の人ともいろいろと接していければいいなと思っています。
> 私（以下T）：ありがとう。先生もB子と話せて嬉しいよ。とてもにこやかな笑顔が素敵なB子だから，少しずつ自分から話しかけていけるとさらにいいね。がんばっていこう‼

初めはなかなか話すことができなかったB子とも少しずつ話ができるようになりました。

ある日，学級で生徒同士のからかいによる生徒指導事案が起こりました。

> 5月15日（木）
> B子：今日は久下先生が怒鳴りました。私は友だちとの話に盛り上がっていたので，辺りを見ていませんでした。すみませんでした。私はなぜだかわかりませんが，怒鳴られていると涙が出てしまい，泣いていました。
> T：B子に直接言ったことではないけど，先生の声に反応してくれたところを見ると，B子は感受性がとても豊かなんだね。そして，状況をよく理解できなかったにせよ，相手意識ももち合わせているね。総じて，B子は「優しい人」なんだね。

この一件で，私はB子の感受性の高さを感じることができました。

しかし，別の日にB子のストレスからくる軽い自傷行為を見つけ，指導しました。

> 6月11日（木）
> B子：今日はご迷惑をおかけしました。でも，これだけはお願いしたいです。家族にだけは言わないで下さい。心配かけたくないし，迷惑をかけてばかりいるから，本当にお願いします。
> T：わかりました。今回だけは先生の胸の中にしまっておくことにします。しかし，これ以上増えたら話さざるを得なくなりますから，もう増やさないで下さい。先生のほうからもよろしくお願いします。

これ以降，B子の自傷行為はなくなり，落ち着いた生活を送るようになりました。

夏休みを経た，2学期初日（夏休み明け実力テスト）の記述です。

> 9月2日（水）
> B子：今日は2学期最初の実力テストがありました。H先生（学年主任の先生）が2時間テスト監督をして下さいました。でも，表情がとても疲れているようでした。忙しく，疲れている中，監督をして下さりとても感謝しています。
> T：ありがとう。やっぱり他者を気遣う気持ちがすばらしいですね。B子のような生徒がいるから，先生方はがんばっているのですよ。

その後，彼女にとって本当にショックな出来事が起こり，登校することができなくなってしまいました。

彼女が学校に復帰するまでには長い時間がかかりました。復帰に至るまでに，私やB子の友だちが何度となく支えてきました。その甲斐もあり，何とか学年の最後には登校できるようになりました。そのときの嬉しさは忘れられません。しかし，B子がつらい境遇を脱したわけではなく，この状況を自分なりに乗り越えようとしていたのです。それを見届ける形で3年生の担任に引き継ぎました。

また，C子とはくだらない話や部活動の話をとりとめなくした生徒でした。

部活動以外では自分を積極的に出すことはない生徒でしたが，非常によく人のことを観察していて，とても感受性があり，気配りができる生徒でした。

彼女とも生活ノートを通して，互いの思っていることをやりとりしていました。

以下はそのやりとりの一部です。

> 10月22日（木）
> C子：今日，"バレーボール大会"でした。三冠のうちの最後の一つを取ることができてよかったです。練習では負けていたクラスにも勝つことができて『優勝』することができました。もちろん，みんなの練習の成果ですが，行事のときに，毎回旗を作ったり，クラスのみんなが楽しめるように話し合いをしたり，誰よりも声を出して応援してくれたり，クラスのためにいつも一生懸命な先生のおかげだと思います。おかげで楽しみながら優勝もでき て，クラスがまた一つ大きくなれたかなと思います。先生の応援，かっこよかったですよ。
> T：ありがとうございます。こうやって書いてくれたのはC子だけです。先生も2年1組の一員なので，やっぱりみんなの思いを叶えてあげたいという気持ちをもって，いいなと思うことをやってきました。その先生の思いを汲めるだけの視野の広さと観察眼の鋭さは"C子のよさ"ですね。このバレーボールでも陰となり，日向となりよくがんばってくれたね。ありがとう。C子がいてくれてよかったです。

ある日，急な授業変更があった日の記述です。

> 10月26日（月）
> C子：今日の音楽の時間が国語になりました。みんなの第一声は「え～」でした。そういうのを聞いても，先生は笑顔ですが，実際はどんな気持ちなんですか？

T：あ～，確かにいい気持ちはしませんが，みんなが「やった～」と言ってもらえる授業ができるように努力しようと思うかな。まぁ，なかなか難しいんだけどね。自分の実力不足を感じる気持ちのほうが強いですかね。

生徒指導で全体での話をした日の記述です。

11月25日（水）
　今日の先生の話を聞いて，改めて自分はどうか考えてみると，自分は傷つきたくないなど，自分のことしか考えてなくて，安全なほうへ，ただ逃げているばかりで，一人で悩んでいる人も，涙を流すくらいつらい思いをしている人も，気付いていても助けてあげることができませんでした。そのせいで，学校へ来たくないぐらい傷ついた子もいます。
　だから，私は「やめよう」の一言が言えるようにしたいです。自分に関係ないから，他人事ではなく，相手の気持ちになって考えたり，自分でも，相手を傷つけないように５秒考えてから発言したりして，これ以上傷つく人がいなくなるようにしたいです。
　もう自分のことは精一杯守ってきたので，これからは傷ついている人を，精一杯助けようと思います。もし，それで自分が傷ついても，見て見ぬふりするよりはいいから，もう見て見ぬふりをするのはやめます。
　先生のおかげで，自分の考え方をもう一度考え直すことができました。一生懸命，真正面からぶつかってきてくださったおかげです。自分のことだらけの世界から抜け出してもっと周りを見られる人になります。

学級委員会で学年全体の「言葉遣い調査」の結果を発表した日の記述です。

12月3日（木）
　今日学級委員さんが調べた結果を見ました。言っちゃダメな言葉のほうが圧倒的に多くてびっくりしました。仲がよかったり，自分の苦手な

人だったりすると知らず知らずのうちにひどい言葉を言ってしまっているのかなと思います。私もよく余計なことまで口にしてしまうので、D子（同じ部活動のキャプテン）の言う通り「5秒考えてから」はすごく大事なんだなと思います。でも、先生が最後に言っていたように、部活の中でひどい言葉が行き交うより、言われて嬉しい言葉が行き交う、仲のよい部活のほうが強いと思います。そんな部活に入ってよかったなと思います。仲間に感謝ですね。クラスもそんなところになるように、ひどい言葉が少しずつ減らせるといいなと思いました。
　最後に全員がこのクラスでよかったと思えるクラスにしたいですね。

学年の最後の日、彼女は私に手紙をくれました。

3月22日（火）
　1年間ありがとうございました。1組での1年はとても楽しかったです。だから、もう終わりだと思うと本当にさみしいです。1年間楽しいことも大変なこともたくさんありました。B子さんやD子さんのことも、2人が学校に来てくれたのは、先生がたくさん陰で動いてくれたからだと思います。いろいろと話してくれたから先生のそういうのを全部じゃないけど見てました。クラスのために、傷ついた人たちのために一生懸命に動いてくれたからこそいい結果になったんだと思います。たくさんおしゃべりできてよかったです。すごく楽しくていい思い出になりました。

　1度目と2度目の生徒の姿が違うのは、私が中学2年生に向き合うための「教師の心構え」や「あり方」を変えたからだと考えます。
　どのようなあり方がよいのかは、目の前の生徒によって違います。しかし、生徒のことを真剣に見つめ、考え、向き合いながら接していくことで、担任としての教師の「心」が顕れます。それが伝われば、学級生活は苦しさの中にも楽しさややりがいが生まれてくるのではないでしょうか。

「中だるみの2年」と春休み

> **キーワード** 中だるみ　発達段階　向き合い方　ゴール像　戦略
>
> "中だるみ"とは言うけれど,その出方は学級の数だけ存在します。生徒との出会いを前に,教師も生徒同様,期待や不安が入り混じる春休み。どの学年でも言えることですが,学級のゴール像をイメージし,戦略を練りましょう。

 「中だるみ」が起こる発達段階

　中学2年生は,一般的に「中だるみの2年」と言われています。

　皆さんは「中だるみ」という現象を,何をもって規定しますか?

　提出物の期限が守れない,問題行動を起こすなど,以前はできていた規律を無視した行動が目立つようになるといったことでしょうか。それとも,無気力などに見られる無能力を誇示する態度をとるなどのことでしょうか。

　教師が2年生の担任を受けもつ際に考えるべきこと。それは目の前の生徒がどのような形で「中だるみ」を見せてくるかを想定しておくことだと考えます。

　14歳は発達段階において「子どもから大人への自立」を指向する,いわゆる「思春期」と言われる年齢です。

　今までの子ども扱いではなく,一人の大人として,人格を認め,対応してほしいと訴えるわけです。しかし,行動は大人としての行動とはかけ離れていて,教師や周囲の大人には考えられないような行動をもって示そうとしてきます。しかし,すべての行動が「大人への自立」への指向であると考えることができれば,生徒の行動の大半を寛容に理解し,対応することができるのではないでしょうか。

「中だるみ」大歓迎！
〜２年生の弛緩が３年生での張りを生む？〜

◆ 中学生を謳歌する，大人への自立を指向する
　＝「中だるみ」をリフレーミング

　「中だるみ」と捉えられる現象をもっと考えていくと，生徒一人ひとりの育ちを３年間のサイクルで見ていることがわかります。だからこそ，「中だるみ」という言葉が出てくるのです。

　「中だるみ」が出る真ん中の学年の学級づくりに必要なものとは何なのでしょうか。おそらく，中学の入り口の１年生や出口を１年後に控えた３年生とは違った向き合い方が必要なのだと考えます。

　私は埼玉の山本純人先生の提唱する「バトンゾーン」という考え方がぴったり当てはまると考えます。

　中学校１年生から受け取った成長のバトンを，集大成となる３年生へ無事に手渡すための，言わば「つなぎ」の１年間が中学２年生という学年なのです。

　一番理想的な「成長のバトン」は右肩上がりの成長過程だと考える人も多いと思います。しかし，私はそうは思いません。やはり，中学校３年生で一気に成長を見せるためには２年生での一種の弛緩が必要であると考えます。成長のためのプラトーと言い換えることができるかもしれません。

　つまり，「中だるみ」を経験させておくことで，３年生で飛躍できる生徒も多いということです。

　もちろん，他人に迷惑をかけたり，タガが外れた行動をしたりする生徒は徹底して指導していきますが，「中だるみ」を起こさせないのではなく，「起こるもの」として捉え，その対処法や解決策を生徒とともに模索していくことが必要であると考えます。

3 春休み

◆ "自覚と責任"を育み"個"の力を"集団"で高める
＝学級のゴール像をもとう

　中学校2年生は3年生への成長のバトンゾーンの時期です。ですから，2年生の3月には生徒一人一人が最上級学年を迎えるための自覚や責任が身につくように指導しておく必要があると考えます。

　ですから，担任をもつ前から，自分なりに生徒を1年間でどのように育てていきたいか，学級のゴール像をある程度イメージしておく必要があります。

　ゴール像を見据えた学級づくりの戦略（手立て）は，船出である4月から始まります。4月からどのような手立てを用いて，生徒に仕掛けていくのか，それを，生徒と会う前の春休みの段階である程度決めておきましょう。

　中には「生徒に会ってみないとどんな子どもたちかはわからないのだから，自分は生徒に出会ってから決める」という方も多いかもしれません。確かに，そのような考え方もあります。しかし，自分の戦略をあらかじめ持っておき，実際に生徒と顔を合わせ，共に生活していく中で，修正を加えることは可能ですし，最悪の場合，一からの方針転換することさえも可能です。すべては担任の思い一つですから，私はあらかじめ戦略を立てておくことをおすすめします。

　さて，戦略はどのよう立てるかが非常に重要になってきます。

　私が考える学級づくりのベースはいつも，

①安心・安全が確保されていること
②個人のパフォーマンスが，集団の規律を乱さない限り認められていること
③個が集団を育て，育った集団が再度新たな個を育てるサイクルが，全員に共有されていること

が必ず含まれます。

　私はここ数年「自他の成長のために協働できる生徒の育成」をゴール像に置き，「人のために汗が流せる生徒」，「自分たちの日常生活を自ら振り返り，修正・改善策を考え，行動に移すことができる生徒」に育ってほしいと思っています。

　また，その土台には「教室内に全員の安心と安全が保障されていること」も必要不可欠です。

　これらを満たすためにどんなことをすればいいのかを具体的に示していきたいと思います。

スタートの"丁寧さ"で１年の生活の強固な地盤に

> **キーワード** 学級開き 縦糸 横糸 ルール・システムのリセットと再設定
> １年間のシステムは"スタート"にあり。学級生活をシステマティックにするには初めが肝心です。やり方を示し、定着させていくためには"丁寧さ"が欠かせません。どのくらい丁寧にするかを実践を交えて紹介します。

 始業式～新たなメンバーと"先輩"としてのスタート
～入学式に見せる先輩としての姿～

　どの学年でも新学期は生徒たちも、先生たちも新たな生活に対する希望や期待、そして、不安や心配を抱えています。学級のスタートは担任の思いを素直に伝えることが大切です。

1　学級開きで伝えたいこと

　学級の生徒たちに初めて会ったとき、伝えたいことは何ですか。
　私がいつも生徒に伝えること、それは、

> あなた（生徒）に出会えたことに「ありがとう」
> あなたを「大切にします」

ということです。
　例えば、２度目に担任したときには、メッセージを学級通信に込めて伝えました。

> ◎進級おめでとうございます！
> ２年１組35人の皆さん、進級おめでとうございます。皆さんの成長を

見守り続けた昨年度から引き続き，担任させていただくことになりました

久下　亘（くげ　わたる）

と申します。縁あって私のクラスの一人となってくれて本当にありがとうございます。

　先生のことをよく知っている人もいるかと思いますが，新しい年度の始まりなので，改めて挨拶をします。

　この文章を書いているのが，平成〇年4月6日（月）21時15分。

　皆さんが期待や不安，やる気をもって今日を迎えるのかと考えると，先生はとてもわくわくし，やる気に満ちあふれてきます。不安もありますが，この1年を皆さんとどうやって過ごそうかを考え，わくわくできるから，4月の出会いは大好きです。

　さて，皆さんに聞きます。

「志」

はありますか？

　「志」とは，「心に決めた思い，目的や目標」を意味します。皆さんには「自分の心の中に，自分で決めた目的や思い」はありますか？

　先生にはあります。それは

「皆さんとともに笑い，努力し，喜び，成長する日々を丁寧に積み重ね，200日後の修了式には，一回りも，二回りも成長したクラスを創る」

ことです。

　皆さんも想像してみて下さい。平成〇年3月25日（金），第2学年修了式にどんな自分になっていたら「成長した！」と胸を張って言えますか？そのために，自分がやるべきこと，なすべきことは何ですか？

　今年度は職場体験学習があります。東京校外学習があります。そして，未来の自分に向けて，志を立てる

「立志式」（平成〇年1月28日）

があります。

この１年間は皆さんにとって、将来の自分の礎（いしずえ）を創ることができる、そんな１年にしていきましょう。
　そして、もう一つ。
　皆さんの担任ができるということに、心から「ありがとう」と言いたいです。

<u>この１年間、久下先生は２年１組35人を「大切にします」</u>

　大切にすると言っても、その捉え方はさまざまです。ですから、この先生の姿を見ていて下さい。「心は姿に顕れる」のですから……。１年間よろしくお願いいたします。

保護者の皆様
　このたびは、お子様のご進級本当におめでとうございます。本校全職員を代表して心よりお祝い申し上げます。今日からの200日間、35名の生徒を預からせていただきます。各ご家庭からお預かりした大切なお子様たちを、今年度は、学年の先駆けである１組担任として、微力ながら全力で育てていきたいと思います。至らないこともたくさんあるかと思いますが、皆様のご理解とご協力をよろしくお願いいたします。

　　　　　　　　　　　　　　　平成〇年４月７日（火）
　　　　　　　高崎市立〇〇中学校　２年１組担任　久下　亘

　中学２年生の担任だけではなく、私がどの学年の担任をもつときにも生徒に伝える最初の言葉です。私は、学級通信には自分の思いや伝えたいことを生徒に向けて書くことが多いです。実際に生徒に伝えたい言葉ですから、自分の書いた学級通信を生徒に読み聞かせることも多いです。
　その中でも、学級通信第１号は、学級に対する思いの一番「土台」です。だからこそ、この学級通信は必ず読みますし、生徒に少しでも自分の思いが伝わるように、情感を込めて読めるように、十分に練習を行った上で読むことにしています。

2 全員に成功体験を積ませ,学校生活への安心感をもたせる

　始業式後,生徒が教室に全員そろいます。さすがの生徒もこのときばかりは緊張した面持ちで担任の登場を待っています。
　そこで,

> 　今日から,このクラスの担任になった久下亘です。1年間よろしくお願いします。

と,簡単に自己紹介します。そして,続けます。

> 　今,多くの人がすごく緊張していると思います。この中で緊張している人は手を挙げて下さい。(挙げた生徒が一人でもいたら)ありがとう。そうやって,初めてなのに自分の気持ちを素直に表現してくれたら先生もわかるし,みんなも少しホッとすることができるね。○○さん(手を挙げてくれた生徒),ありがとう。この学年の担任をやるのは2回目の先生ですら,やはり,最初は緊張するものです。ほら,緊張しているように見えるでしょ?(……まったく,余裕の表情で言い切ります!)あら,そうでもない。でも,緊張しているんだよ。
> 　さて,詳しいことは,また後でやるとして,この初日に皆さんには重要な仕事をしてもらいます。何をするかって?1年前を思い出して下さい。ピカピカの制服を着て,全員で行った「入学式」です。
> 　中学生の入り口として皆さんが経験した入学式。そのときの先輩たちの歌声に圧倒されたよね。これが「中学生なんだ……」って。そう。皆さんは今日から名実ともに先輩となったんですよ。ですから,今日の午後,入学してくる後輩の1年生に対して「中学生の先輩たちってすごいな」と思わせられるような入学式にしてほしいのです。具体的には,式中に歌う校歌を,声量,歌声の美しさともに最高の歌を歌ってほしいということです。式が終わった後に,他の先生方や後輩から実際に「歌声

> がすごかったですね」なんて言ってもらえたら最高だね。
> 　これが先輩としての第一歩だよ。
> 　皆さんには入学式後に「よし！今日からしっかりがんばろう！」という思いをもってもらいたいから，これから，説明することを真剣に聞いて下さいね……。

　この後，必要な動きを確認します。中学２年生は初めて先輩として１年生を迎えますから，多くの生徒が「がんばるぞ」といったやる気をもっているはずです。その気持ちに火をつけることが，中学２年生の担任としての第一歩です。

　入学式の主役はあくまでも１年生です。しかし，先輩として入学式を支えるように，役割を与えて会場に立たせる声かけはとても大切ですし，生徒の動きは変わってきます。入学式が終わり，教室に戻ってきた生徒に

> 　さすが先輩！しっかりと姿を示すことができたね。初日からがんばってくれてありがとう。最高のクラスになりそうな予感がするな。

と言って，生徒のがんばりをほめ，初めての成功体験の喜びをみんなで拍手をして讃え合いましょう。

　大切なことは，成功の有無ではなく，生徒一人ひとりががんばったことに対して，教師が表情や態度，言葉がけなど，すべてで喜んでいる様子を見せるということです。中には「生徒には厳しくしないといけない」，「私の人柄に合わない」など思う方もいるかもしれません。しかし，あえて意識してやってみましょう。生徒は自分たちなりにがんばりを見せてくれます。がんばりを要求する担任は生徒のがんばりに対して称賛を送ること，そして，教師もがんばる姿を見せることが大切です。１年間の主体的な「学級づくり」の根幹は，教師と生徒がつながっていることです。自分の思いを姿で見せることが関係性を紡ぐためには大切です。ですから，帰ってきた生徒を思い切り称賛しましょう。

学級開き〜最初の1週間〜

1 「2年生だから」は要注意

　中学校生活を1年間経験した生徒。教師も仮に1年生から担任を受けもっていると,「もう2年生だから……」と考えて1年生のときと同じようなシステムで日常生活を始めたり,「今年はやらなくていいよね」と言ってしまったりしてしまいがちになります。しかし,そこに大きな落とし穴があります。何せ,「中だるみの2年」です。その油断が,早めの「中だるみ」を生むかもしれません。何事も最初が肝心です。ですから,1年生のときに各クラスで敷かれていたルールやシステムをきちんとリセットし,初めの1週間で新たなルールとシステムを再構築することが必要不可欠です。また,同時に人間関係の再構築も行います。「学級づくり」の根本は「人間関係づくり」です。

　最初の1週間を成功させるために必要なこと,それは「安心感」の一言に尽きると考えます。新年度に向けて,やる気と期待の裏側にある生徒の不安や心配をいち早く払拭させる。しかも,最大限の丁寧さをもって対応し,払拭させてあげること。不安がなくなれば,生徒は「安心」して何事にも取り組むことができるようになります。

　どんな指導でもそうですが,教師の指導に対して「安心感」さえあれば,生徒は納得して動いてくれますし,逆に,教師の意図通りに動けないことがあれば,それはどこかに生徒の不安や心配が隠れているのかもしれません。ですから,教師は指導を行うにあたって,「どうすれば,生徒が安心して活動できるか」をできるだけ細かくイメージし,一つ一つ丁寧に指導方法を練っていくことが必要であると思います。

　「安心感」をもたせるための最大限の丁寧な指導。これが成功のポイントだと考えます。

2 関係づくりの再構築～縦糸と横糸を紡ぐ～

　学級づくりにおいて，教室内の人間関係づくりがその成否のすべてを握っていると言っても過言ではありません。ですから，学級づくりでまず行うべきことは人間関係づくりです。

　人間関係は一朝一夕にできるものではありません。ですが，最初は互いにフラットな状態でスタートするので，4月は一番人間関係づくりが行いやすい時期です。

　特に，初日からの数日間は意識的に仕掛けていくことが必要になります。

　人間関係づくりについて，私は北海道の横藤雅人先生が提唱した学級経営の理想像のモデルに，同じ北海道の堀裕嗣先生が自身の考えを加えて示した「織物モデル」を参考にしています[1]。

　「織物モデル」とは，織物をなす縦糸と横糸をそれぞれ〈教師－子ども関係〉，〈子ども－子ども関係〉と比喩的に置き換えて人間関係のあり方を提示したものです。

　また，縦糸は「教師と子どもたちとは立場が異なるのだ，決してフラットな関係ではないのだ，子どもたちは教師の指示を聞かなければならないのだ，そんな両者の関係」を指しており，横糸は「子どもと子どもをつなぐこと，子ども同士の対話を生み出す関係」を指しています[2]。

　この両者の関係性を紡ぐことを具体的に意識しながら，指導していくようにします。特に，ここでは学級開きの1週間に行う実践を紹介します。

(1) 縦糸編
① 自分の思いを語る

　先述の織物モデルの縦糸について，誤解のないように述べておきますが，教師と子どもの立場が異なるということについては，言葉にして伝えることはしません。このような言葉に非常に抵抗感を示し，権力闘争を仕掛けてくる生徒がいるからです。私たちが相手にするのは「中だるみ」と呼ばれる中

学校2年生です。他者に反抗することで，自分の意思を通そうとする14歳の子どもたちなのです。

しかし，生徒との関係性をフラットにするわけにもいきません。もしそうなってしまうと，中には教師を乗り越えてこようとする生徒も現れることも考えられます。生徒との関係は，その後の学校生活に直接的な影響を及ぼすものですから，指導には細心の注意が必要であることを先に述べておきます。

それでは，どうやって〈教師－子ども関係〉の縦糸を具体的に紡げばいいのでしょうか。新潟の赤坂真二先生は上記の人間関係を紡ぐときの優先すべきこととして，

> **子どもとの信頼関係の基礎をつくること**

言い換えると，

> **担任に対する安心感づくり**

と述べています[3]。

この考えをもとに，生徒が担任に「この先生に担任をしてもらうと，この先が楽しそうだな」「この先生の話は聞こうかな」という思いをもたせられることをできるだけたくさん投げかけるようにします。

例えば，学級通信を用いて，

> 　先週はバタバタと慌ただしい生活の中でも，皆さんの素敵な行動がたくさん見られました。ここで少し紹介したいと思います。
> ①　給食が始まった2日目。給食前の学活で「運び屋は，当番以外にボランティアでやってくれる人大歓迎です」と言ったところ，早速，○○さん，△△さん，□□さん，手伝ってくれました。
> 　給食初日にしてこれだけの人が動けるところに，とても清々しい気持ちがしました。

> ②　委員会決めをしていた学活の時間。女子体育委員のなり手がおらず，場がストップしてしまいました。非常に張り詰めた空気が流れる中，もうすでに他の委員会に入っていた△△さんがさっと体育委員会に移ってくれました。この行動は本当にクラスを救いました。
> 　こういうときに，自分のことよりも，クラスのことを考えて動ける人の存在がクラスをよりよいものにしていくでしょう。

などと紹介するとよいでしょう。

　そのためには，生徒の日常の動きをよく観察し，よい行動を記録しておきましょう。

　また，入学式で先輩としての姿を見せることに対するインストラクションや課題達成の後の生徒への称賛なども，すべては「子どもとの縦糸を紡ぐ」ために行う意図的な働きかけです。

② 「プリーズコールミー○○」～自己紹介タイム～

　学級開き２日目に行う実践です。

　まだ，緊張感が感じられる教室の雰囲気を和らげるために，全員の前で自己紹介をします。

　あらかじめ準備できるように，前日に自己紹介の時間や内容を知らせておき，翌日までに考えてくるように伝えておくとよいでしょう。

　自己紹介タイムの内容です。

> 　さて，これから皆さんには自己紹介をしてもらいたいと思います。
> 　昨日，お願いしたから，準備はばっちりですね。始めてもらう前にもう一度確認しておきますね。①名前②前年度のクラス③呼んでもらいたい名前④好きなもの⑤２年生としてがんばりたいこと⑥みんなへのメッセージ，でしたね。
> 　発表する人は前に出てきて，他の皆さんの顔を見ながら自己紹介をして下さい。

と話します。

そして、以下のようにつけ加えます。

> 昨日の入学式では、しっかりと先輩としての姿を見せることができた皆さんに、今日は新たなミッションを与えたいと思います。
>
> それは、「自己紹介の順番は決めずにできる人から始めていくということ」そして、「チャイムが鳴るまでに全員が自己紹介を終わらせること」の2つです。さて、皆さんはできるでしょうか。
>
> ここで必要なのに積極性と協力ですよ。2つのミッションがクリアできるといいですね。がんばってやってみましょう！

前日の成功体験がある生徒はおそらくやる気をもって行ってくれるので、このミッションはそれほどハードルが高いものではありません。

ですから、よほどのことがない限りは成功することができるでしょう。時折、間が空いてしまうこともありますが、それに負けることなく生徒たちは活動します。

教師はその様子を笑顔で見守りながら、教室の雰囲気や生徒の様子を細かく観察します。

教師が意識して観察する観点は以下の通りです。

① 最初に立ち上がるのは誰か。
② 最初に立ち上がった生徒に同調するように、続けざまに立ち上がるのは誰か。
③ しっかりと自分の言葉で自己紹介ができる生徒は誰か。
④ 発表者の自己紹介を、発表者に注目したり、反応したりしながら聞いているのは誰か。
⑤ 自由発表が滞った後にできる静寂の時間をいち早く突破して、自己紹介するのは誰か。

⑥ 発表者に対して合いの手を入れたり，発表者の話を盛り上げたりするのは誰か。
⑦ 自己紹介の途中で私語や手遊びなど，話を聞いていないような反応を示すのは誰か。
⑧ 発表できずに，最後まで残ってしまうのは誰か。

　このような観点で観察すると，クラスのムードメーカーは誰か，お調子者は誰か，最後まで話せない子は誰かなど個々の様子がはっきりとわかります。また，自己主張ができるか，他者の話を聞くことができるかは，その後の横糸を紡ぐ活動の関わり方に直結します。ですから，次の活動も視野に入れて観察することもねらいとしておきます。

　自己紹介は一種の自己表現の場です。自己表現が得意な生徒，苦手な生徒，一方，人の話を聞ける生徒，聞けない生徒を把握することは非常に重要です。

　学級づくりの柱となる「生徒の話し合いによる日常の問題解決や豊かな生活の創造」を目指すために必要なスキルだからです。一つの活動にいくつかのねらいをもって観察する習慣を身につけていけるとよいでしょう。

　活動が終わったら，生徒へ必ず教師のフィードバックを行います。まずは，活動のミッションが達成できたら，そのがんばりに対して，

　さすがですね。2日目にしてすっかりチームとして動いていますね。先生がみんなの様子を見ていてすごいなと思ったことが2つあります。
　1つ目は，全員がミッション達成に向けて協力できたことです。その証拠に時間内に終わりましたよね。
　2つ目は，なかなか出られない人に「がんばれ！」と声をかけてくれる人もいましたね。みんなのとても素敵な面がたくさん見られたことが嬉しかったです。
　やっぱり，このクラスは最高だな。協力できたみんなに拍手‼

などと話して，この活動を評価します。

もちろん，成功しないことも考えられます。そのときは

> 惜しかったね。時間通りに終わることはできなかったけれども，みんなが課題を達成させるために，今，自分にできることをしっかりとやってくれました。ありがとう。課題は成長の伸びしろです。今日うまくいかなかったことも，次はできるようになるはずですし，達成できるように協力する。そんなクラスになっていくといいですね。

などと声をかけます。教師が課した課題に一生懸命がんばってくれたこと，そして，課題の達成に向けて協力し，貢献したこと，クラスで一つ課題が達成できた喜びをフィードバック（評価）することは，生徒を「大切」にしている行動の表れです。

　評価というと，成績や点数をつけるような印象がありますが，教師が求めたことに対して参加してくれたこと，望ましい行動が見られたことに対して，教師が思いを言葉にして伝えることも評価には必要であると私は考えます。それが，生徒の「心的距離を縮める」ことにつながります。

(2) 横糸編
① フリートークタイム

最初の1週間は、入学式や年度初めの学力テストなどの行事や1年間のシステムづくりなどで非常に忙しい日々を送ります。

システムづくりについては後述しますが、システムをスムーズに機能させるために欠かすことができないのは、〈子ども－子ども関係〉の横糸を紡ぐことです。方法は簡単、生徒に自由時間を与えるのです。どんなに短時間でも構いません。「教室を出ていかなければ、自由に立ち歩いていいから少し友だちとしゃべっていてくれるかい」と話し、生徒に時間を与えてその使い方を委ねます。生徒にとっては自由におしゃべりができるので、教室内の緊張感をふっと和らげることができます。

しかし、学級開きから数日しかたっていない状況ではいきなり動き出すことのほうが難しいかもしれません。ですから、積極的に動くように声をかけます。すると、生徒は思い思いにおしゃべりをします。

これだけの活動ですが、横糸を紡ぐスタートは生徒にとって抵抗感が低いものを設定することが大切です。さらに、この活動には横糸を紡ぐこととは別に、もう一つのねらいがあります。それは担任の動きです。

教師は生徒から話しかけられない限り、無関心な様子で教室の隅で生徒の様子を観察します。

観察する観点は以下の通りです。

①　最初に立ち上がるのは誰か。
②　最初に立ち上がった子に同調するように立ち上がったのは誰か。
③　最初に担任に話しかけてくるのは誰か。
④　5人以上の集団はできるか。また、いくつできるか。
⑤　2人組をつくり、2人だけの世界で他の生徒を寄せつけない雰囲気を出すのは誰か。
⑥　一人でぽつんと過ごすのは誰か。

⑦　一人でぽつんと過ごす子に話しかける子はいるか。また，それは誰か。
⑧　５人以上の集団で，その集団の中心になっているのは誰か。
⑨　男女が混在しているグループはどのくらいあるか。
⑩　他の生徒に対して粗暴な言葉遣いをしている子はいないか，またそれは誰か。

　これは，先述した北海道の堀裕嗣先生が学級開きの中で，あえて生徒に自由時間を与えて，そこで生徒がどのように動くかを見る観点を参考にしました。この観点で観察すると生徒個々の情報や，生徒同士の人間関係情報を得ることができます[4]。

　生徒が友だち同士の横糸を紡ぐための実践も，担任が別のねらいをもつことによって，生徒理解のための活動にもなるのです。

　さて，話を戻します。日常生活や授業時間内にちょっとした自由時間を与えることは，学級開きだけに限らず，日常的に頻繁に取り入れましょう。

　例えば，朝の学活がいつもより早く終わったときや，授業中にどうしても職員室や他の教室に行かなければならない用事ができたとき，また，授業が予定よりも早く終わってしまったときなど多くの機会が充てられます。

　「じゃあ，近くの人としゃべっておいて」と言って，数分の自由を与え，それに応えてすぐに動ける状態になると，学級の雰囲気が一気に穏やかになります。また，授業で取り入れるペアや小グループの活動においても抵抗感を減らすことにもつながります。

　たかがおしゃべりですが，されどおしゃべりです。おしゃべりのもつ力を教室でも活用してみてください。

② ラウンド＝ロビンで自分の思いを書き綴る

　生徒同士の関わりの基本はおしゃべりや話し合いなどといった音声言語を用いたものです。しかし，音声言語を使わなくても友だちと関わることができ，特に，対人コミュニケーションを苦手としている生徒におすすめの方法

があります。それが「ラウンド＝ロビン」です。

「ラウンド＝ロビン」とはもともと協同学習の技法の一つで，ブレーンストーミングの一種です。提示された課題についてメンバーはアイディアを出しますが，そのアイディアについて深く練ったり，評価したりすることはせず，単語や熟語，短い言葉で順番に答え続けていくというものです[5]。

生徒同士の交流を目的に用いるので，最初の生徒の考えについて，一緒に活動する生徒が自身の考えを書いて伝えるという方法で行います。

以下はその活動方法です。台詞調で示しているので，そのまま使うことができます。

---

① これから，「ラウンド＝ロビン」という方法を使ってお互いの思っていることを交流してもらいます。
　（Ａ４の用紙を配布した後）配布された紙を四つ折りにして下さい。
　【＊紙の折り方参照】
② 次に，一番上に今日の交流課題と自分の名前の頭文字を書いて○で囲みましょう。
　※交流課題を以下に例示しますが，生徒が簡単に取り組みやすい課題が適しています。
　〔課題例〕
　・好きなこと，好きなもの
　・今，はまっていること
　・私の自慢の宝物
　・人生で一番痛かったこと　　など
③ それでは，課題について自分が考えたことを書きましょう。
　【２～３分】
④ （書けているかどうか必ず確認した後）では，その用紙を時計回りに渡して下さい。

今，1番上に意見が書かれた用紙が手元に届いていますね。2番目のスペースに自分の名前の頭文字を書いて○で囲んで下さい。1番上に書かれた考えをよく読んで，「この考えいいな」，「この考えわかる～」と思ったことをできるだけ詳しく書いて下さい。【2～3分】
　　【④を紙のスペースが埋まるまで続ける】
⑤　（紙が1周して自分の手元まで返ってきたら）自分の考えに多くの人が反応してくれましたね。それらを読んで，自分で「いいなぁ」と思った意見に赤ペンで線を引きましょう。

＊紙の折り方（ワークを行う人数によって紙の折り方を変えて下さい。）

　ラウンド＝ロビンは，横糸紡ぎだけでなく，授業でももちろん活用することができます。できるだけ回数を多く取り入れることが大切です。

3 不登校生徒の学級開き

　学級に不登校の生徒を引き継いだとしたら，皆さんはどのような対応をするでしょうか。

　現在，中学生の2.76％，中学校全体の85.5％の割合で不登校生徒がいます[6]。

　私が担任した学級にもいました。彼らも私の大事な生徒の一人ですし，クラスの大事な一員なのですから，不登校生徒の対応なくして学級づくりは考えられません。

　不登校は，その状態も人によって違います。できることなら，その生徒が教室に入れる状況をつくりましょう。

　他の生徒がいるときにできるなら一番よいですし，もしできないのであれば，他の生徒が帰宅した後，教室に呼んで対応できるといいでしょう。一緒に教室内を歩き，席の位置を教えてあげたり，どんな友だちがクラスメートであるかを教えたり，その日の教室の雰囲気や様子など，とりとめのない話をしながら，教室の雰囲気を伝えます。

　それも無理なら家庭訪問をすることです。当然，どの先生も行っていることとは思います。どの対応をするにしても，彼らに伝えることは「あなたも大事なクラスの一人ですよ」という思いです。

　「すべての生徒に，公平に対応を」することは，学年を問わず，担任にとって非常に大切なことであると考えます。

4 ルールやシステムのリセットと再設定

(1) リセット

　ルールについてまず気をつけなければいけないのは，ルールを提示した後に「１年生のときはこうだった……」という雰囲気を出させないことです。
　そのために，ルールを示す前に

> １年生のときはそれぞれのクラスで，さまざまなルールの中で生活してきたと思います。しかし，今年度は新たなルールになります。ここで約束して下さい。「１年生のときはこうだった」ということは言わないようにして下さい。お願いします。

とはっきりと伝え，前年度のルールは忘れてもらうようにします。
　学級開きから数日しかたっていないので，この言葉は若干の緊張感を生むかもしれません。しかし，その直後にしっかりと生徒たちにほほえみましょう（笑）。こういった緊張と弛緩のバランスは非常に重要です。

(2) 再設定

① ルール

　学級のルールについて堀先生は，最初の７日間を「『学級のルールを確立する』時期である」とし，その内容を「日直・給食当番・清掃当番などについて，教師主導でルールを決定する。これらについては教師の専権事項とする」と述べています[5]。私もこの考え方を参考に，

> (1) 日直　　(2) 給食当番　　(3) 清掃当番
> (4) 生活班づくり　　(5) 席替えと座席配置

は私がルールを定め，生徒たちに伝えました。
　学級のルールはシステムと密接に関わっているので，ルールの詳細もシステムの項で詳述します。

② システム

　学級システムは，学級づくりと非常に密接した関わりをもちます。ですから，システムをどのように作っていくかは1年間学級づくりの成否に関わる重要なものです。ルールを守りつつ，日常生活がスムーズに送れるシステムを敷くようにしましょう。システムについても，堀先生のやり方を参考にしています。

システム(1)　日直

　日直は以下の内容を約束事にしています。

※日直は2人体制（理想は男女1名ずつ，例外あり）

① 朝8：10までに職員室へ来る

　　担任へあいさつ，遅刻・欠席者と打ち合わせ事項を確認し，学級日誌を受け取るとともに，配布ボックスの配布物を持って教室へ行く。

② 朝学活の司会進行

③ 授業開始・終了の号令

④ 授業後の黒板消し

⑤ 給食時の号令と牛乳パック洗いと片付け

⑥ 終学活の司会進行

⑦ 終学活終了後

　　窓のカギを閉める，牛乳パックの取り込み，机をそろえる，翌日の日付の記入，電気，カーテンの巻取りを行う。

⑧ 学級日誌の記入と提出

　　感想は必ず2人が最後までしっかりと書き，必ず担任の所へ学級日誌を提出しに来る。

⑨ 担任と日直活動の反省

日直は2人体制で行うことを原則とする

　中学校では一般的に日直を毎日1人にして，最後まで責任をもって仕事を行わせるというクラスが多いようです。しかし，私は必ず2人組で日直を行うようにします。それはどのような生徒が日直をしたとしても仕事が滞らないようにするためです。中学校にはどうしても反社会傾向や非社会傾向をもつ生徒が少なからず一定数います。また，特別に支援を要する生徒が教室にいることも考えられます。その場合，1人ではどうしても普通に当番活動に取り組むことができず，他の生徒の日常生活が滞ってしまうことになりかねません。さらに，普通の生徒も，当番の仕事を忘れてしまうことだってあります。1人が仕事をすることができなかったとしても，もう1人が，その仕事を補うことができる。そのための2人体制です。2人組の原則は男女各1名です。男女が協力して仕事を分担し合うことがよいと考えるからです。ただ，学級の人数の男女比によっては例外として，男子同士，女子同士の2人組も認めます。

①　朝8：10までに職員室へ来る

　職員の始業が8時15分だったので，遅くともその5分前には職員室へ来て担任への挨拶と打ち合わせを行います。ここで，連絡が来ている遅刻・欠席者を日直に伝え，打ち合わせ事項を確認します。

　打ち合わせ内容は，朝のうちに他の生徒に連絡してほしいことなどごくごく一般的な内容です。日直は打ち合わせ後，学級日誌を直接担任から受け取ります。

　生徒にとっては面倒な一手間だと捉えられがちですが，担任にとっては重要です。日直の生徒の様子を確認したり，直接コミュニケーションを図ったりする機会だからです。ここでも，縦糸を張る意識をもつとよいでしょう。

　打ち合わせが済んだら，配布ボックスの配布物を持って教室へ行きます。

② 朝学活の司会進行

　日直は、業前活動の朝読書の開始前に、打ち合わせ内容の伝達や、配布物を配布係が配れるようにするという一手間があるので、それは確実に行わせるようにします。

　また、朝は8時半〜40分が朝読書の時間になっていて、全員が整然と読書をする約束になっています。日直は、40分になったらすぐに読書を終わりにするように指示し、朝学活を始めます。

　朝学活も、挨拶、健康観察、係や委員会からの連絡、今日の目標の発表、担任の話というごくごく一般的な内容です。何か特別なことをするということはありません。ただ、1時間目の開始との兼ね合いもあり、5分で終わるように留意します。

　2学期以降は自治的集団の育成を目的にその内容を大きく変更します。

③ 授業開始・終了の号令

　日中の日直の大半の仕事はこれです。授業の号令は2人組のどちらがかけてもいいことにしています。ただし、事前に打ち合わせをしておくこと、どちらかがすべて号令をかけないルールになっています。

④ 授業後の黒板消し

　特別なことがない限り、声をかけ合って2人で協力して行うことがルールです。また、黒板をきれいに消し、きれいな状態を保っておくことは徹底して指導します。学級開き当初は全員の前で、このくらいはきれいにしてほしいという状態を教師がやって見せることもします。私のクラスでは「黒板は教室の顔」という言葉を合言葉にしているほどです。

　そのために、2時間に1回は黒板消しクリーナーで黒板消しをきれいにしておかなければならず、日直としてはこれが一番の負担がある仕事となっていたようです。そこで、原則は日直の仕事ですが、黒板係も2人配置し、教室移動などで手が足りない場合には日直と協力して行っていました。

⑤ 給食時の号令と牛乳パック洗いと片付け

　給食時は各自が机にランチョンマットを敷き，給食を食べる準備をします。

　私の学校では，栄養教諭の指導で必ずランチョンマットを敷いて，食卓机と学習机を分けています。食育を指導する栄養教諭としては外せないことなので，日直にきちんと全員が敷いているかどうかを号令前にチェックさせています。

　余談ですが，ランチョンマットは忘れる生徒が多い持ち物です。

　私の学級では，忘れた生徒のためにレンタル用ランチョンマットを100円均一ショップで大量購入しておき，忘れた生徒には貸すようにしています。

　また，環境教育の観点から，飲み終えた牛乳パックを洗って，乾燥場に持っていくのも日直の仕事です。正直言うと，この仕事は全員が進んでやりたがる仕事ではありません。

　ですから，日直の仕事にして全員が公平に分担するようにシステムの中に組み込みました。また，やりたくない仕事も誰かがやらねば生活は成り立たないことも，あわせて指導します。

⑥ 終学活の司会進行

　朝学活同様，終学活の司会も日直の仕事とします。気をつけることは，時間通りに始めることです。これは終学活以降の部活動にスムーズに移行できるようにするためです。

　4月はまだ3年生が部活に在籍している状況ですが，夏休み以降，2年生が部活動の中心となります。中心学年の心得の一つとして，先輩が時間通りに部活動に行くことは非常に重要です。そのために時間を守らせる意識を学級でも生徒にもたせるように指導します。

　私の学校では，終学活直前に清掃を行います。そこで，清掃終了時刻から5分後には終学活を始めるようにしました。

　学校全体で終学活の時間は10分ほどと決まっていたので，時間を守らせつつも，しっかりと内容を進行させるようにしました。

内容は朝学活とほぼ同じ内容ですが，これも2学期以降は朝学活とリンクさせて変更します。

⑦　終学活終了後
　窓のカギを閉める，牛乳パックの取り込み，机をそろえる，翌日の日付の記入，電気，カーテンの巻取りを行う。
　終学活が終わった後は，協力して教室の後片付けを行います。2人が協力して行うこと，日直が他の生徒を教室から出るように促し，最後に2人が教室を出ることを義務付けました。もちろん，残り勉強や委員会活動などで放課後にどうしても残らなければいけない生徒がいる場合には例外となりますが，それ以外の場合は守らせるように徹底します。用事なく教室に残っていることがないようにするための配慮でもあります。

⑧　学級日誌の記入と提出
　学級日誌は教師が独自に作成した書式のものや学校全体で統一したものなど，学校ごとにさまざまな形式のものが使われます。
　私の学校は後者でしたが，どのような形式であれ，10分休みや昼休みなどの時間を用いて書くように指導します。必ず2人で分担して書くこと，日直感想記入欄を最後までしっかりと書くこと，1日の最後に必ず担任へ学級日誌を提出しに来ることをルールとしています。

⑨ 担任と日直活動の反省

　日直の仕事の最後は１日の反省です。日直としてできたこととできなかったこと，クラスの様子や雰囲気でよかったことや気になったことなどを直接話します。時間にして２～３分です。

　これは朝と同じ，生徒と直接コミュニケーションをとることと，一人ひとりの生徒に学級の雰囲気に関心をもたせることが目的です。

　以上が日直システムになります。これらの仕事は２人が協力して行うことが原則です。しかし，１日の仕事を誰が何をしたかは意外と把握されていないものです。

　ですから，私は以下の「日直の仕事チェック表」を用いて，誰がどの仕事を行ったかを記入させるようにしています。これを見ると，仕事を行った生徒や仕事の偏りの有無が一目瞭然です。これは仕事量を把握するだけでなく，教師が生徒同士の不公平をなくすことにも一役買っています。

日直の仕事・チェック表

※１日の日直の仕事は以下の通りです。二人で協力して，滞りなく済ませましょう。

時	仕事	仕事をした人
朝	8:10までに職員室へ日誌を取りに来る	
	担任（副担任）の先生にあいさつ	
	遅刻・欠席者の確認	
	ボックスの配布物の確認	
	遅刻・欠席者を保健委員に伝える	
	配布物を配布ボックスに入れる	
	朝の会の司会進行	
授業	最初と最後の号令	
	授業後の黒板消し	
授業	黒板消しクリーナー掛け	
給食準備中	牛乳パック片付け	
昼休み	牛乳パック洗い	
帰り	帰りの会の司会進行	
	日付変更	
	日直札の変更	
	窓閉め	
	机を揃える	
	牛乳パックの取り込み	
	電気を消す	
	蓄熱暖房・加湿器消し（冬季のみ）	

※ご苦労様でした。
　次もまたよろしくお願いします。

システム⑵　給食

　給食指導は学級づくりにおいて要とも言うべき場です。それは生徒の素がもっとも出やすい時間帯からです。素が出やすい場で，生徒同士が声をかけ合って，楽しくも整然と給食の時間が進んでいけるかどうかは，学級のあり方に重要な影響を及ぼします。
　ですから，ここではルールをきちんと示すとともに，給食の時間が不公平感なく流れるシステムを組む必要があります。

① 　給食当番の仕事について
　給食指導において，まず指導することは給食当番の役割分担をきちんと決めることです。そのために必要なものが「役割分担表」です。
　私が決めた分担は以下の通りです。分担は日替わりで行います。

> ※先頭の番号はエプロンの番号を表します。
> 1　ワゴン運び→大食缶配膳→食器片付け
> 2　ワゴン運び→小食缶配膳→食器片付け
> 3　配膳台準備→ごはん（パン）配膳→配膳台片付け
> 4　配膳台準備→ごはん（パン）配膳→配膳台片付け
> 5　食器設置→牛乳配布→ワゴン片付け
> 6　食器設置→小物（ジャムやストローなど）配布→ワゴン片付け

　役割分担表を作成するメリットとして，第1に，生徒間の不公平感を感じさせないということがあります。全員に一律の仕事量が示されるので，仕事をやる生徒とやらない生徒の差が出づらくなります。
　給食当番をやるにあたって，生徒間で一番不公平感が生じやすいのは，仕事量の差です。ですから，役割分担表は必要不可欠なのです。
　第2に，あらかじめ役割がわかっていると，4校時終了後にすぐに動き出せることにあります。この2点を習慣づけさせるためにも，役割分担表は非常に重要な役割を担っていると言えます。

② 給食を食べるときのマナーとルールを提示する

　当番の仕事もそうですが，給食を食べ始めるときのルールについてもあらかじめに提示しておく必要があります。

　給食の時間は生徒たちの素が出やすい時間帯です。その考え方に立つと，教室の人間関係のパワーバランスが如実に現れる場だと考えたほうがいいでしょう。

　給食におけるマナーやルールをまとめたものは「給食虎の巻」として全員に説明し，教室にも掲示しておくようにします。

給食準備虎の巻〜2年1組編〜
〜みんなで協力して，素早く給食の準備をしましょう〜

◎4時間目終了後の準備

① 素早く授業の片付けを済ませ，給食の隊形にする（4校時が移動教室の時には，移動前にやっておく）。給食のときの机はぴったりとつけ，1ミリも離してはいけません。また，休みの人の机もクラスの一員ですのでしっかりと動かしてください。

② 給食当番は速やか（1分以内）に白衣に着替え，2人組でワゴンを持ってくる（4校時が特別教室の場合にはエプロン持参で授業へ行くこと）。

③ エプロン組は，献立の配るものを話合いで速やかに決め，配膳し始める（全員にバランスよく分担すること！）。

④ 運び屋は，配膳された給食をどんどん配ること。ただし，配膳台から遠いところから配り始めること。エプロン組は，配膳が終わったら，着替えずに運び屋を手伝うこと（ボランティアスタッフは随時募集です！）。

　先生は，最後に配ってください（年齢と食べそうな量と栄養バランスを考えてね）。

※牛乳パックは日直さんの仕事です。配り終わった後，牛乳パックを片付けて下さい。

※「いただきます」は，12時50分を目標に「いただきます」ができるように準備をして下さい。1週間のうちに2回以上できなかった場合には，もう1週間やってもらいます。

◎給食中について

全員が気持ちよく食事をすることを全員が意識しましょう！

「いただきます」をしっかりとしてから，増やし（減らし）に行きましょう！

〈おかわりの仕方〉

・増やしたい人は最初に増やしてもよい。ただし，全員に均等に増やせるように配慮する。

・減らす人は必ず先生に申告してから減らすこと。

〈おかわりの優先順位〉

① 量もの（ご飯・スープ・サラダ・スパゲティ etc.）

　　減らす人→②増やす人（女子）→増やす人（男子）

※男子は紳士的に譲ってあげましょう。

② 個別のもの（牛乳・パン・フルーツ・デザート etc.）

　　一人1品のみエントリーできる（牛乳で負けて，直後にパンにエントリーは×）。

　　決戦方法はじゃんけん。

　　2周目になった場合のみ，再エントリー可能。

※不公平をなくすため個人間のやりとりは禁止です‼

…以上のルールを守って，楽しく給食をいただきましょう。

◎片付けについて

① 食べ終わった人から，どんどん片付ける。片付けのセッティングは有志でやる。

> ※食器の大きさを間違えないようにすること。
> ※食器が倒れないように，バランスよく片付けること。
> ② 13時15分のチャイムが鳴ったら，速やかに日直が出てきて「ごちそうさま」をする。
> ③ 当番はワゴンにすべてを乗せ運び出す（着替えはワゴンを片付けてから行う）。分担表を見て担当の人が，配膳台と教卓を水拭きする。
> ④ 全員の仕事が終わってから昼休みにすること。
> ※大切なのは「至誠（まごころ・おもいやり）」です。互いの思いやりの心が養える給食の時間にしましょう！

「給食時間に絶対にしてはいけないことは，いわゆる『弱肉強食』を許すことです。（中略）おかわりのルールは一年違わず徹底しないと，男子生徒を中心にすぐに崩れていきます。（中略），給食時間というのは，規律の維持やいじめの予防などにとって要となる時間です」という堀先生の給食指導についての論考は非常に共感が持てます[7]。

給食の時間は1日の中でも，非常に気を遣う（もちろん，生徒に悟られないように平然を装いますが……）時間となります。

生徒の自由度の高い時間ほど，いろいろなことが起きるのが学校です。教師はこの思いは常にもっておく必要があるでしょう。

システム(3) 清掃

　清掃は学校で統一した取り決めがされていることが多い活動です。そこで，学級づくりのシステムの中に組み込んでいきます。

　私の学校も，清掃だけは各学級の清掃場所から，清掃方法，清掃分担交代のタイミングなどを全校で統一された方法で行っていました。

　そこで，全校統一の部分はそのままに，さらに，学級で独自の内容を織り交ぜたシステムをつくりました。

　清掃は生徒が学校の至るところに散らばり，それぞれの場所をきれいにしますが，それゆえに仕事をきちんとやる生徒とそうでない生徒の差がはっきりと出てしまい，生徒の不公平感が出やすい活動の一つと言えます。

　担任としては生徒全員がきちんとやってくれることを想定していますが，生徒たちが動きやすく，なおかつ，不公平感が出ないようなシステムを示すことが必要です。

　そのために必要なことは，①明確な役割分担を決めること，②清掃の振り返りを自他評価で行うこと，です。

　以下は，清掃役割分担です。後述しますが，清掃班は原則的に生活班とリンクさせています。ほとんどの班が６人で編成されているので，原則ペアを組んで各箇所の分担をするようにしました。

---

①教室
　・ほうき　・ぞうきん　・黒板，机と棚の水拭き，ゴミ捨て
②廊下
　・ほうき　・ぞうきん　・教室補助
③非常階段
　・３階学習室ベランダ～３階フロア～２階非常階段のほうき・雑巾
　・２階学習室ベランダ～２階フロア～１階非常階段のほうき・雑巾
　・１階学習室ベランダ～１階フロアのほうき・雑巾
※雑巾は，ベランダのみでよい。

役割分担はそれぞれの学校事情でよりよい分担があるでしょう。大事なことは各分担の仕事量がほぼ同じになるように配慮することです。言い換えると，大体同じ時間で任された仕事が終わるということです。これが生徒に不公平感を与えない方法の一つです。

　また，与えられた仕事をきちんとこなせたかどうかを，清掃終了時に振り返りをします。皆さんの学級では，どのように振り返りをしているでしょうか。

　私は清掃の振り返りに自己評価と他者評価の両方を採用しています。清掃の時間はおそらくどの学校も多くの時間は割かれていないと思います。私の学校でも，清掃場所への移動を含めて15分しかありません。しかし，生徒たちには，清掃後の振り返りは必ず行うこと，その時間がとれるように清掃を終わらせることをチーム課題として指導を行いました。

　振り返りは，担任からも評価がわかるように評価記録表を用意し，それを清掃担当の生徒が記録していきました。

　自他両評価を取り入れることは時間も手間もかかります。

　自己評価は，自分の取り組みを客観的に見取る訓練に適しています。同じ班の友だちの目もあり，自己の清掃の取り組みをきちんと振り返るでしょう。また，他者評価は，友だちのよい取り組みを見つけ合い，認め合うことで横糸を紡ぐことに適しています。

システム(4)　生活班づくり

　生活班は日直，給食当番，清掃活動，日常生活のあらゆることを共にするメンバーです。また，授業ではペアやグループなどの交流活動を共にします。ですから，生活班をどのように形成するかは学級づくりの根幹をなすものです。

　生活班の決め方は非常に配慮が必要です。これも先述した教師の専権事項ですが，生活班での生活は日常生活の大半を占めるものなので，生徒には教師が決めることの説明と決め方の経緯をしっかりと話し，理解を求めるようにします。そして，学級の成長とともに，生徒たちにも，その一部を委譲していくとよいでしょう。

　生活班は，原則5～6人で1班を組むことにしています。私の学校は1学級が35～6人編成ですので，全部で6班できることになります。

　生活班が形成されたら，それぞれに以下の役割分担（係）を与えます。

生活班の仕事分担

・班長　　・生活　　・学習　　・清掃
・給食（5人班1人，6人班2人）

　そして，それぞれには次の仕事を割り当てます。

生活班の仕事内容

・班長
　班活動の総責任者，班の話し合いの司会進行，班メンバーの生活の観察と声かけ
・生活
　班員の生活ノートの回収，未提出者チェック，先生へ報告，声かけ，机・ロッカーの整理整頓の声かけ
・学習
　家庭学習ノートの回収，未提出者チェック，先生へ報告，声かけ

> ・清掃
> 　清掃時の総責任者，清掃終了後の先生への報告，反省会の司会，終わりの挨拶，清掃評価記録表への記入
> ・給食
> 　給食時の総責任者，12：45までに机を整えて着席させる
> 　13：14までに片付けが終わるように声かけ
> 　給食後の机周りのチェック

　生活班についての生徒への説明では，

> ①　教師からの指名と生徒の総意によって，リーダー性の高い生徒が班長を行う。
> ②　班長の司会で，生活・学習・清掃・給食の班員の役割分担を決めることを指示し，班長には班員よりも少し強い決定権を与える。
> ③　与えられた役割は，1年間固定であること。

を伝えます。
　特に，教師からの指名と生徒の総意によって，リーダー性の高い生徒が班長を行うことは，生活班づくりには欠かせない要素になります。しかし，文面だけではかなり教師の主導性が強いと思われてしまいかねないので，もう少し具体的に説明しておきます。
　班長は，学級内での決めごとや話し合いを中心となって行う班長会に学級委員とともに参加します。班長会で決めることは，旅行的行事の班や定期的な席替えのメンバー決めなどです。つまり，他の生徒よりも決定権をもつことができる役割なので，誰からもそのリーダー性が認められる生徒が行う必要があります。
　特に2年生は，中学校生活を1年経験してきて「中だるみ」する可能性が高い学年です。重要な決めごとをするときに，そういう態度を示す可能性がある生徒に決定権を与えると，役割の優位性を利用して，自分が得するよう

に何事も決めてしまいかねません。ですから、あらかじめ、どの生徒がリーダー性を発揮できるかの見当をつけておくことが必要なのです。

　学年を初めて担任するときには難しいかもしれませんが、もち上がりで2年生を受けもつのであれば、1年生のときの生活の様子から見当をつけることは可能です。もし、前者であっても前学年の担任経験者に誰なら任せられそうかを確認するとよいでしょう。与えられた役割は1年間固定して行いますので慎重に決めることが重要です。

　班長ができそうな生徒の見当がついたら、次はその指名です。指名は全員の前で行います。しかし、その前にやっておかなければいけないことがあります。それは、班長に指名する生徒にそのことをあらかじめ伝えておくことです。

　私は大切なことを決めたり、生徒に任せたりするときには、前もって個人的に生徒に伝えることがあります。特に個人に関することは必ず行います。

　私はそれを「ロビー活動」と呼んでいます。

　ロビー活動とは、辞書的には

> 個人や団体が政治的影響を及ぼすことを目的として行う私的活動のこと。1869～77年に活動したユリシーズ・S・グラント米大統領の時代、ホテルのロビーでくつろぐ大統領に陳述を行ったのが本格的ロビー活動の始まりと言われ、語源もこれに由来するとされる。

と定義づけられています。

　「根回し」と言い換えてもいいでしょう。指名を受ける生徒も突然の指名では受けられないと言い出す場合があるので、その前にきちんと個別に相談しておくことが必要になります。

　この「ロビー活動」は学級づくりの成否を決めるとても重要な手立てです。

コラム　ロビー活動のときに考えること

　前述の「ロビー活動」ですが，どのように生徒に根回しをしていくかはしっかりと考えておく必要があります。

　私は，学生時代から野球をやっていたこともあり，同じ年代の人に比べると体格が大きい（自分では全く感じませんが……）ようで，前に立つと「威圧感」を感じる生徒がいます。そんな私ですから，真剣な表情で生徒を呼び出してしまうと，生徒は「何か悪いことでもしたのかな……」と思ってしまったり，前に立たれるとすごく重たい内容の話をされているように感じてしまったりするそうです（笑）。ですから，ロビー活動を行うときには生徒の横に立ち，できるだけ笑顔で生徒と話をし，そこから少しずつ本題に入るようにします。

　逆に，私とは正反対のおしとやかな同僚の先生は，生徒に真剣味をもって現状を伝えるために，あえて生徒の正面に立ち，真剣な表情をつくって生徒にロビー活動をしています。

　後述しますが，教師自身にもその見た目がもつヒドゥンカリキュラムがあります。

　例えば，小動物のような繊細な心の持ち主の私（自分ではそう思っています）。しかし，その体格から受ける他者のヒドゥンカリキュラムは真逆になります。

　つまり，教師は自身のもつキャラクターやヒドゥンカリキュラムをしっかりと分析しておく必要があるということです。

　私たち教師は，生徒や同僚など，他者をよく観察することはしますが，意外と自身のことには気が向かないものです。

　他者から自分はどのような印象で映っているかは，折に触れて，気にしておくことをおすすめします。

システム(5) 席替えと座席配置

　席替えは定期的に行うことにしています。決め方はいろいろありますが，私は生活班の給食当番が１週間で交代となるので，全生活班が給食当番を終える６週間を経過したら行うことにしています。

　決め方は班長会を用います。班長が６人集まって自分の班に誰が来るかを話し合いで決めていきます。まずはどの班の位置に班長自身が来るかを決めます。班番号は，各列の真ん中を半分に区切って配置します（下図）。

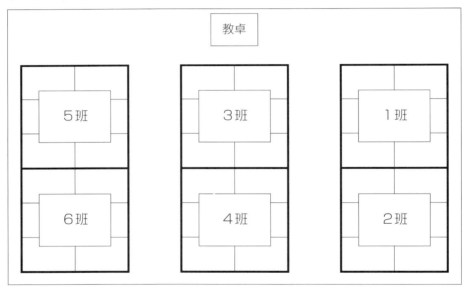

　その後，各役割の誰がどの班に来るかを話し合います。ここで意識させることは，男女がどちらも複数人数で，男女比も同じになるようにすることです。これは授業などでの交流活動における男女比とリンクさせるためです。

　誰がどの班に行くかが決まったら，それを担任が発表してそれぞれの班で席の配置を話し合って決めます。

　席の配置は基本的には自由ですが，これも授業での交流活動を意識して男女が交互になるように着席させます。この座席配置は中学校ではあまり見かけない方法かもしれません。

私の経験上，多くの学級は基本的に縦の列が男子列，女子列になっていて，人数の半端がない限り同じ列に異性が並ぶことはありません（下図）。
　他の学校に授業参観に行っても同様の光景が見られます。

	教卓	

女	男
女	男
女	男
女	男
女	男
女	男

女	男
女	男
女	男
女	男
女	男
女	男

女	男
女	男
女	男
女	男
女	男
女	男

　以下が私の学級の座席配置です。

教卓

女	男
男	女
女	男
男	女
女	男
男	女

女	男
男	女
女	男
男	女
女	男
男	女

女	男
男	女
女	男
男	女
女	男
男	女

この座席配置のメリットとして，
　① 隣同士は必ず異性ペアになること
　② グループの形態にしても隣同士が異性ペアになること
が挙げられます。交流活動は形を変えてさまざまな形態を行うことが考えられますが，基本は隣同士やグループになります。一般的な座席配置の場合，講義形式ならペアでも異性が隣同士になりますが，グループになったときに隣が同性になります。絶対とは言い切れませんが，同性同士が並ぶとねらった内容の交流活動を行わず，交流活動がうまくいかないことがあります。それを避けることも，男女が互い違いになる座席配置にしている目的です。
　そして何より，男女が隔たりなくコミュニケーションがとれるような学級にするという意図が含まれています。

設定したものを定着させる〜最初の1か月〜

1 ルールとシステムの定着

　最初の1か月は学級開きの1週間で生徒に示したルールやシステムを徹底して教師がチェックし，学級のものとして定着を図る時期です。

　特に，日直，給食当番，清掃当番については，教師が定めたルールとシステムに沿って生徒たちが動いているかどうかを細かくチェックする必要があります。動いていないようであれば，この期間に修正し，全員の共有知にしておくことが必要不可欠です。

　この時期に，生徒は担任の専権事項を乗り越えようと行動することが多く見られます。しかし，それを教師が許してしまうと，生徒に，

教師の指示は従わなくてもよい

という潜在的な価値観を無意識のうちに与えてしまうことになります。これを，ヒドゥンカリキュラムと言います。担任の決めたことを徹底できない状況を学年初めにつくってしまうと，打破するのに手間も時間も非常にかかります。また，事後指導のほうに時間が割かれてしまい，生徒のよいことになかなか意識が向かず，学級全体が向上せずに1年を終えてしまうことにもなりかねません。また，生徒の仕事を教師が代わりにやったり，一緒にやったりすることもしないほうがいいでしょう。

　最初の1週間であれば，ルールやシステムを教師が教えたり，一緒にやったりしながら手本を示す期間なのでよいのですが，この1か月にそれをやってしまうと，生徒には，

自分（たち）がやらなくても，担任がやってくれる

というヒドゥンカリキュラムを与えてしまうことになります。

　ヒドゥンカリキュラムについては，多くの書籍が出ていますので，詳しい説明はそれらをご参照いただければと思います。もちろん，ヒドゥンカリキュラムにはよい価値を示したものもたくさんあります。

　教師がよかれと思ってやったことが，生徒に悪しきヒドゥンカリキュラムを伝える可能性があることを十分に心しておくことが必要です。

　今振り返ると，私が初めて２年生を担任したときには，生徒たちに悪しきヒドゥンカリキュラムを与えていたように感じます。そのために，１年間の指導が非常に大変だったことが鮮明に思い出されるほどです。

　さらに，この時期だからこそ生徒の個別の事情を配慮せず，一律に「毅然」とチェックし，指導することが大切です。

　それは生徒に，

教師自身が決めたことの中で，これだけは譲れないという基準を示す

ためです。

　教室にはいろいろなことをしっかりとこなすことができる生徒，教師が見ていないとつい手を抜いてしまう生徒，問題行動の多い生徒などいろいろな性格の生徒が共に生活をします。その集団を育て，次の学年へ成長のバトンをつなぐために，担任は「譲れない」基準を示しておく必要があります。

　ここで言う「譲れない」とは，「毅然とした態度」という意味です。この言葉は字面だけでは「厳しく指導する」，ときには「大きな声を出してでも指導する」と捉えてしまいがちです。しかし，そうではありません。「毅然とした態度」とは，「譲れないという態度」です。読者のみなさんにもそれぞれに譲れないところがあるではないでしょうか。私が生徒の「中だるみ」と言われる行動をOKにするのは，その生徒が，私の示す基準だけはきちんと守れていることが前提にあります。「中だるみ大歓迎」と言いながらも，生徒の行動が私の示す基準に沿っていないものは絶対に許さないし，許されません。

2 人間関係の定着を図る

(1) 縦糸編

◆ 生活ノートに丁寧に返信する

　学級開きからの1か月は，生徒が書く「生活ノート」には特に丁寧に返信します。それは，

> 自分の思いを一番書きやすい「場」

だからです。

　おそらく，中学校では学年が上がるとクラス替えをするところがほとんどでしょう。

　クラス替えをして初めの1か月は，不安を抱える生徒が多いのが現状です。ですから，生徒が本音を表出できる場が必要です。

　そこに，生徒が連絡帳代わりに使用している「生活ノート」がその役目を担ってくれました。

　生活ノートに書かれる内容はその多くが生徒の本音です。とても短い文章ですが，そこにはいろいろな思いが混ざった心情が吐露されます。

　この思いをしっかりと受け止めるためにも，

> 返信は丁寧に書くこと

が必要です。それは，

> 生徒の思いを受け止めること

を姿で表す行為だからです。

　私は返信を丁寧にすることに「あなたの思いは受け止めています」というメッセージを込めています。

　前述に生徒との直接のやりとりも紹介しましたので，その項をご参照ください。実物は次ページに示します。

このような返信を全員に行います。生徒からは「先生は返信が長いですね」，「もしかすると，書いている自分たちよりも長いんじゃないですか」などと言ってもらったことがあるほどです。

　今までの学級は少なくて33人，多い時で38人いました。1人につき上記の分量を書くのに，1～2分はかかります。それが40人近くですから，日々の記述でも空き時間の50分はゆうに使ってしまうほどです。

　特に，学年初めはその1.2倍～1.5倍ほどの時間をかけてより丁寧に行います。確かに，担任の負担感は非常に大きいものがあります。

　しかし，

生徒の心的状況に多大なコストをかける

ことが，後の円滑な学級づくりに大きく寄与すると言われたらどうでしょう。
　人間関係づくりにコスト感覚をもてば，「生活ノート」のもつ意味や意義を軽く見るわけにはいきません。
　コストという言葉は教育分野ではあまり聞きなれない言葉だと思います。コストという言葉は辞書には「費用，原価」という意味で掲載されています。つまり，経済分野で用いられる言葉です。
　私がこの言葉を用いるようになったのは，上越教育大学教授の赤坂真二先生のもとで学び，赤坂先生が使っていることに起因しています。私もその考え方は非常によく理解できます。
　自分が物理的コスト，心的コストをかけた分だけ，生徒からの反応が返ってくる可能性も高いものです。ですから，この生活ノートにコストをかけることは私には当然のことなのです。

(2) 横糸編

◆ 掲示物を協力して作成する

　学級開きからの1か月は教室環境を整える1か月であると私は考えます。年間を通して教室環境の整備は必要ですが、最初の教室環境が、その後の学級の雰囲気や関係性を規定すると言っても過言ではありません。その教室環境の柱となるものが「掲示物」です。

　教室にどのようなものを掲示していくかは、学級づくりそのものと言えるでしょう。私は

①　学級旗
②　学級目標
③　個人掲示物（自己紹介カードや学習感想など）
④　学級の軌跡
⑤　学級通信や学年通信などのお便り類

を掲示しています。

　これらの掲示物のほとんどは、

生徒たちが、協力して丁寧に作り上げる

ものです。掲示物の作成を通して生徒同士の関係性を紡いでいくこと、また、上記の掲示物は教室の目に触れる場所に常時飾られるものとして、丁寧に作るように指導します。

　役割を与え、協力しながらよりよいものを作ること、特に、学級旗と学級目標はできるだけ全員で作るようにします。

a．学級旗

　私の学級では，年度初めに学級旗を作成することにしています。学級旗は学校や学級ごとに作成するかしないかを決めているところもあると思います。
　私は絶対に作ったほうがよいと考えます。学級旗は学級をつなぐ１つのツールになりますし，作成段階でも横糸を紡ぐために非常に有効なものだからです。

作成手順

① デザインを考える
　　全員がデザインを考えてそれを選んでもよいし，有志を募って有志が考えるのでもよい。
② デザインしたものを布に写す
　　転写させる方法はいろいろある。現在は，スキャンしたデザイン画をプロジェクターで映し出して布に転写させる方法が簡単。
③ 転写したものに色付けをしていく
　　色塗りは，ポスターカラー（美術で使っているものや市販のペン型のもの）や布用絵の具を用いる。

　２年１組は有志を募って学級旗を作成しました。女子が７～８人ほど立候補し，わいわいと盛り上がりながら作っていました。

　私の学校では，学年ごとに学級対抗三冠行事（陸上大会，合唱コンクール，バレーボール大会）があります。彼女たちは，そのすべてでよい成績が取れるようにとの思いを込めて学級旗を作ってくれました（左図）。
　ちなみに，この年は行事ごとの学級旗も作りました。

b．学級目標

　学級目標の決め方は多数の方法があります。この年は以下の方法で決めました。

学級目標の決め方
①　全員にＡ４の用紙を配布し，どんなクラスにしたいかを端的に言葉で表し，その理由を裏に記入する。
②　全員が書いた紙を黒板に貼り付け，同じ願いをもつ言葉同士でカテゴライズする。
③　カテゴライズした言葉をまとめて，漢字１字に表す。
④　出てきた言葉を組み合わせて創作四字熟語にして学級目標とする。
※２度目に担任した年は「接・氣・自・絆・素」が出ました。これでは，五字になってしまうので全員で話し合って「接氣自絆」にし，私のクラスへの願いでもある「全員が居場所のあるクラス」を「素」という漢字に込めてサブテーマを設定しました。

　学級目標は全員で決めたものです。全員の思いが入っている目標ですから，学級掲示も全員で力を合わせて作るように指導します。
　２年１組の学級目標は「接氣自絆〜全員が"素"になれる36のHOME」でした。
　掲示物の作成には，男女混合の２〜３人組をつくり，小グループで１文字ずつ（総数19文字）担当し，用紙に担当する文字を書く（デザインやイラストは自由）ように指示しました。
　学級開きから１か月も経たないグループ活動は，上手に協力してできるグループとそうでないグループに分かれます。担任は様子を見ながら，特にコミュニケーションがうまくいっていないところにさりげなく入るとよいでしょう。とにかく，わいわいがやがやと盛り上がりながら作ること，丁寧に作ること，この２つが非常に重要です。
　できあがった文字を集め，模造紙に貼り付けて，掲示物は完成です。

　掲示物は黒板の上部に貼りました。ただ，特別支援の観点から黒板周りには何も貼らないほうがよいとも言われています。貼る位置については気を遣う必要があるでしょう。

コラム　班ノートで横糸を紡ぐ

　学級生活が軌道に乗り始める２週目以降から，班ノートを用いて横糸を紡いでいきます。
　班ノートについては，以下のルールで行うとよいでしょう。

> ・生活班ごとにノートを一冊用意する。
> ※私の学級では，大きさはＢ５のノートを裁断機で裁断したＢ６判のものを用いた。
> ・生活班の役割分担ごとに１日ずつ担当する。
> 　担当する順番は班長→生活→清掃→学習→給食①→給食②（６人班）とする。
> ※５人班は給食①までとし，ローテーションで２回書くようにする。
> ・担当者は担当日にノートを自宅に持ち帰り，記入する。文章は日付，記入者を必ず記入する。
> ・ノートには最低３行は書く。多くなる分には制限はなし。
> ・記入する内容は基本的には自由（趣味，部活，家族，勉強，イラストなど本当に自由に，好きなことを書いてよい）。ただし，人を傷つける内容は絶対に禁止。また，人に知られたくないことは書かなくてよい。ノートがきっかけでトラブルが発生したら，即刻停止にする。
> ・朝，登校したら担任へ提出する。忘れたらその日のうちに書いて提出する。同じ班の次の担当者の迷惑になるから忘れないようにする。
> ・ノートは担任がその日のうちにコメントをつけて返却する。担任からのコメントを確認したら，確認のサインをして，次の人にノートを回す。
> ・生活班でノートが１周したら，次のノートを前の生活班から受け取り，再度，班長から順に班ノートを書き，ローテーションしていく。

　この実践は担任と生徒間のコミュニケーションと，生徒同士が互いのこと

を知り合うことを目的としています。重荷になることなく，楽しくノートの交換ができるように配慮していくことが大切です。

　この班ノートは，普段，教室や担任の前で見せない生徒の一面が数多く見られるので非常におすすめです。

　例えば，自分の好きなキャラクターをすべてイラストで描いてくれた女子生徒もいました。

　何を書いたらいいか悩みつつ，そのつぶやきを書いた生徒がいました。

　好きな歌手について，書く前に私が「何ページに使ってもいいよ」と言ったら「わかりました」と言って，15ページにわたって魅力や好きなところを書いてきた生徒もいました。

　書くことがないと言いながら，クラス全員のいいところをびっしり書いた女子生徒などもおり，毎日多くのこだわりやつぶやきが書かれました。

　また，全員がそのノートを読めるシステムになっていることもこの班ノートの特徴です。

　過去にどんなことが書かれているかを読むことで，クラスメートのことがいろいろとわかり，それをきっかけに横糸を紡ぐことにつながります。

　ねらいによってさまざまなことにつなげられることも班ノートのメリットです。

4 授業

　授業は学校生活の大半を占める時間です。ですから，授業は学級づくりと切り離して考えることはできません。

　教科担任制を経験して1年。異動や学校事情で職員の多少の変更はありますが，ほとんどの学校では担任団が入れ替わることなく3年間もち上がっていくことのほうが多いと思います。

　生徒たちも前年度の様子から，それぞれの教科担任の授業のやり方やこだわり，考え方に慣れています。しかし，学級づくりと同じで「もう2年生だから，わかっているだろう」と考えてしまうのは危険です。1年生のときの授業の様子をよくも悪くも引きずらずに，心機一転，授業のルールとシステムを改めて組み込んでいくことが必要です。

　9教科のすべてで授業のルールやシステムを統一することは難しいことでしょう。しかし，どの教科でも大切だと思われること，また，学年で統一すべきことは教科を越えて統一させておくほうがよいでしょう。

　全体で共通したルールやシステムを定め，すべての教科でそれを伝え，生徒に徹底して守らせることが，2年生での授業のスタートには必要です。

　私の学年では，

・タイム着席
・授業の初めと終わりの号令をチャイムと同時に行う。
・月曜日から金曜日までの5日間を1日ずつ，5教科の課題の提出日として設定（下表）し，提出曜日を生徒にわかりやすく示す。

| 月…国語 | 火…数学 | 水…社会 | 木…理科 | 金…英語 |

・提出期限を2日以上過ぎた場合には，放課後に残って取り組ませ，提出させる。

という取り決めがありました。

　これらは，どの教科でも教科担任が生徒に伝え，例外なく守るように指導を徹底して行いました。

　担当学年の生徒たちは学習に対する意識が他学年と比較しても高く，テスト学力も他学年よりも高い平均点を保つことができました。その要因に，学年で統一したルールは徹底して指導したことが挙げられます。学年団の取り組みは，学級での学習の取り組み方にも直結します。この積み重ねは非常に大きいものであったと実感しています。

　学年団の統一したルールは授業を円滑に進めるためのフレームです。つまり，枠組みですから，学習における関心や態度面の向上においても非常に有効です。

　授業内容も，統一ルールが設定できればよいのですが，教科特性や教科担任のこだわりや考え方で大きく異なります。つまり，容器の入れ物はそろえられても，中に何を入れるかは，教科担当の専権事項となります。ですから，一教科担任である私が全教科を貫く授業内容を示すことは難しいものです。

　しかし，担当教科の授業で日頃行っていることの指導事項で，教科の垣根を越えて提示できそうな事柄はいくつかあります。

　以下に，それを示します。

◆ 一律の授業システムを敷く

　授業は一般的に指導する教材によって授業構成が違うものですが，一律の授業構成をひな型としてもっておくといいでしょう。

　私の考える基本的な授業構成（担当教科：国語）として，

- ・インストラクション（学習のねらい，まなび方のねらい）
- ・指導事項の確認
- ・課題提示
- ・個人思考

・小集団交流交流(グループ,ペア)
・クラス全体で思考の共有
・課題に対する,さらなる個人思考(振り返りも兼ねる)

を原則としています。

　大体の授業をこのひな型に合わせて授業を構想していきます。大切なこととして,

① 小集団交流を毎授業時間に仕組むこと
② 小集団交流の前に,必ず個人思考を入れること
③ 集団思考の後に,まとめとしてさらなる個人思考を促すこと

が考えられます。

(1) 小集団交流を毎授業時間に仕組むこと

　次期学習指導要領改訂に向けて,文部科学省は初等・中等教育での「アクティブ・ラーニング」(能動的な学習)を強く推進する方向性を打ち出しています[8]。また,アクティブ・ラーニングについて,溝上慎一は「一方向的な知識伝達式講義を聴くという(受動的)学習を乗り越える意味での,ありとあらゆる能動的な学習のこと。能動的学習には,書く・話す・発表するなどの活動への関与と,ここで生じる認知プロセスの外化を伴う」としています[9]。

　アクティブ・ラーニングを意識した活動を考えるとき,交流活動は欠かすことができません。日常的に,交流活動に意図的に取り組んでいくことが必要です。ペアやグループの対話や音声言語を用いた交流活動,ラウンド＝ロビンなど文字言語を用いた交流活動などが考えられます。

　どの活動を扱うかは,授業者のねらいや身につけさせたい指導事項によって変わりますので詳述はしませんが,大切なことは

毎時間必ず行うこと

です。

　堀先生は「全時間に8分以上（最低8分）の交流時間を仕組む」ことが重要であると述べています[10]。

　ですから，少なくとも8分以上の交流時間はすべての授業に組み込んでいくとよいでしょう。

　ここで，気をつけなければいけないことがあります。毎回8分以上の時間を50分の中に組み込んでいくことになるので，交流活動の時間を差し引いた残りの時間で他の活動を完了しなければならないということです。そこは教師の時間感覚が非常に重要になってきます。

(2) 小集団交流の前に，必ず個人思考を入れること

　小集団交流を毎時間入れることの重要性は前述しましたが，ただ交流させればいいかと言えばそうではありません。生徒が何も考えることなくただ何となく交流活動を行ってしまうことがあるからです。

　杉江修治は「初めから『話し合いなさい』と指示したならば，多くの場合，発言は一部の子どもに限られ，せっかく数人集まっているにもかかわらず，全員の力が合わされることなく，発言力のある子ども一人の意見に同調するということに陥ってしまう」と述べています[11]。

　いわゆる，「グループへの埋没」，「ただ乗り」と言われるものです。

　それをさせないために，小集団交流の前に個人思考をする時間を必ず設定します。また，個人思考の内容はノートに必ず書くように指示をします。そこでは自分がわかるところまで途中まででもよいので，必ず何かしらは書くように指示します。

(3) 集団思考の後に，まとめとしてさらなる個人思考を促すこと

　小集団交流，クラス全体での思考の共有の後に，まとめとしてもう一度個

人思考を促すように指示します。これは「課題の捉え直し」という側面と小集団交流の「振り返り」の側面から必要な活動です。

　杉江は「学びは個に返る」と述べています[(12)]。アクティブ・ラーニングという言葉が巷でたくさん飛び交っていますが，その根本は，集団交流のみにとどめてはいけないということなのでしょう。

　つまり，集団で問題解決を目指すのは，力強い"個"をつくり上げることが目的であるということなのです。

　問題を集団で解決した知識や学びを，個人に返すことによって，力を高め，高めた力を，さらに，次の問題の集団解決に用いるというらせん状の授業構成が，学級全体の学力向上に大きく影響を及ぼすと考えます。

　話をまとめとしての個人思考に戻します。

　授業において，課題のまとめは200字詰めの原稿用紙を配布し，授業冒頭の学習課題について，再度個人の考えを書かせます。ここは，まとめとして書くものなので冒頭の個人思考と内容が異なっていても構いません。授業を終えてたどり着いた生徒自身の学びを記録として残すことが目的です。また，積み重ねることで，学びの向上を見取るポートフォリオの役割も果たします。

　まとめの時間に，小集団交流の振り返りを意図して行うことも必要でしょう。毎回行う必要はありませんが，授業を通じて，課題解決集団として学級全体を高めることも必要です。学級をチームとして機能させるために，定期的に集団解決のあり方を見直すことが必要です。

　集団解決を振り返るための項目としては，

- 自分の学びを深められたのは，誰のどのような考えか。
- 課題解決に積極的に関わっていたのは誰か。
- 自分は課題解決にどのくらい積極的に関わったか。

などが考えられます。他にも学級の状態に応じて集団解決のあり方を見つめられる振り返り項目を考えていけると，なおよいでしょう。

コラム　小集団交流を成立させるために

　小集団交流はアクティブ・ラーニングを進める上で，必要不可欠な学習活動であると言えます。

　しかし，アクティブ・ラーニングを成立させるために絶対的に必要なのは，学習者同士の良好な関係にあることは言うまでもありません。

　主体的な学びを成立させるためにも，生徒間の横糸を紡ぐことを常日頃から意識してやっておくことが必要です。

　中学生の１日は，分刻みのスケジュールで動いています。

　授業間の10分で次の授業の準備を済ます，トイレに行く，教室移動を完了させる，制服や体育着に着替えるなどのやらなければならないことに加えて，友だちとしゃべりたい，外で体を動かして遊びたい……などのやりたいこともあります。

　しかし，忙しいことに不満を漏らしていても何も変えられません。忙しい中でも，生徒の横糸を紡ぐ活動はあります。例えば，前述したちょっと空いた時間（1～2分）に，お題トークをしたり，担任をはさんで多くの生徒をつなぎながら話したりして，生徒同士の横糸を紡ぐことを常に考え，実践していくことが必要です。

　そして，とにかく続けてみましょう。続けることでわかることや気付くことなど，いろいろなことが見えてくるはずです。

5 授業参観・学級懇談会

1 授業参観
～授業を通して，教師の人柄と安心して学べる授業を保障する～

4月はどの学校でも，授業参観と学級懇談会が催されます。家庭は学校の応援団ですから，担任は応援してもらえるような存在でいなければなりません。家庭と直接関わりをもつことができる授業参観は，保護者とつながるためには非常に重要な行事と言えます。

4月の授業参観では，教師はどんなことを意図して向かうとよいのでしょうか。それは，

> 誰に向けて授業をするかを意識する

ことです。対象は保護者です。4月の授業参観は，保護者に

> 教師の人柄がわかること
> 授業中に生徒たちが楽しく，安心して授業を受けていること

が伝わる授業を行うようにします。具体的には，

> 授業中は笑顔を絶やさないこと
> 生徒同士が楽しく関わりがもてる内容を授業に組み込む

ことです。

これらを踏まえて行うのが，「リフレーミングワーク」の授業です。

〈進め方〉
・ワークシートを配布する。

・ワークシートの中央の枠に，自分の性格の短所や直したいところを書き込む。
・同じグループでワークシートを回し合い，短所の見方を変えるコメントを書き合う。
【例】おしゃべり→いつも明るい，周りを元気にすることができるなど
〈留意点〉
・短所を責めたり，バカにしたりしないようにする。
・短所を知らせることは自己開示できたということなので，それを認め，リフレーミングを通して自他ともに勇気づけられたことを評価していく。

　この活動は，初め抵抗を示す生徒もいます。そこで，担任が自分の短所を思いきって話すことにより安心して自己開示ができる場になり，盛り上がってワークを行うようになります。
　まとめでは，蝶の成長の話を必ず行います。

　蝶はさなぎでいる時期に，自分の体をドロドロに溶かし，成分をつくり変えて美しい成虫へと変化します。人間にも蝶でいう「さなぎの期間」があり，それが今ちょうど迎えている思春期なのです。皆さんは今，心も体も変化が著しくて，不安定になりやすい時期です。ときには，自分のことが大嫌いになったり，人の目を妙に気にしたりすることもあるでしょう。
　その時間を共に過ごすメンバーですから，このクラスで一生の友だちと呼べるほどの間柄を創り上げていってほしいと先生は願っています。
　この時期を乗り越えれば，皆さんも蝶のように美しく，立派な大人へと成長を遂げることができるはずです。
　そのためには，まず自分の性格や欠点をよく見つめ，マイナスをマイナスと思わず，その中に隠れているプラスに気づいてほしいと思ってい

> ます。自分のよさに気付けたら，次は友だちにも同じことをやってみましょう。それが支え合うということです。人間関係はこのようにつくり上げていくのですよ。

　リフレーミングから，学級の生徒へ望むことを保護者の前で語ることで，担任の思いや人柄を伝えられるとよいでしょう。
　日本の若年層の自己肯定感が，他国の同年代に比べて低いという調査結果があります。中学生も自分に自信がもてない生徒が数多くいます。
　学年初めには「リフレーミング」の授業は必ず行うようにしています。
　この授業には，自分に対して自信がもてない思春期の生徒たちに，少しでも前向きに自分を捉えてもらいたいという担任としての私の思いが込められています。このことは学級懇談会でも保護者に伝えるようにしています。

2　学級懇談会～自分の方針を伝え，保護者同士をつなぐ～

　授業後の学級懇談会にどのような目的をもって臨みますか。私は第一に，
保護者のざっくばらんな交流の場として設定し，保護者同士をつなげる
ことを主な目的としています。
　同じ思春期の子をもち，同じ悩みをもつ親同士。中には，子どもとの関わりに悩んでいる親もいるでしょう。また，その思いを誰にも言えずに苦しい思いをしている親もいるはずです。ですから，学級懇談会の場で保護者同士の「おしゃべりの場」を設定するようにしています。担任はその様子を教室の端で聞いているようにします。
　担任の存在を忘れて話が盛り上がってくれることを期待しながら，その様子を見守るとよいでしょう。
　担任の思いは求めがあれば，懇談会の場で話しましょう。担任としての思いを伝えることも重要ですが，通信などの書面で伝えることも可能ですので，できるだけ保護者同士のおしゃべりをしてもらうことを第一と考えましょう。

社会に生きる"個"を意識させる
～職業体験学習を通じて大人の社会を"見せる"～

文部科学省は，職場体験学習について，

> 今，学校教育に求められている力とは，生涯にわたり実社会を主体的に生きていくための力であり，キャリア教育が求められている意味もここにある。このような中で職場体験は，子どもたちと実社会との関わりという観点から，生徒の勤労観，職業観を育成するとともに，学びを支え，生き方を考えさせる極めて有効な学習活動である。

と記しています[13]。

　生徒たちは残り2年も経たないうちに，義務教育を終えます。ほとんどの生徒が高校生になるとは言え，中には，進学を選ばない生徒もゼロとは言えません。義務教育を終えるということは，生徒が一人の大人，一人の市民としての立ち居振る舞いができるようになっていなければならないということです。そう考えると，職場体験学習は生徒にとって初めての「大人の社会」を実感する場であると言えます。

　体験中は大人としての振る舞いが求められるので，思春期の真っただ中にいる生徒には，この体験は非常に大きなものになります。

　職場体験は学年全体の行事ですが，学級でも取り組み方を全員がしっかり共有していることが大切です。

　そのためには，担任が「大人」とはどのような振る舞いが必要なのかを具体的なイメージをもたせるように話をするとよいでしょう。

> 皆さん，社会に生きる「大人」にはどんなことが求められるでしょうか。隣の人と話し合ってみましょう。
> 　（何人かの生徒とやりとりをしながら）時間を守る，挨拶をする，し

> っかりとした受け答えをする，与えられた仕事を最後まで責任をもってやり切る……。いろいろなことが出てきたことでしょう。皆さんが考えている通り，「大人」とは，皆さんが考えたすべてのことをきちんとやり遂げられる人のことを指します。皆さんは，日々の生活で今挙げたすべてのことをきちんと責任をもってやり遂げられていますか。
>
> 　これから，皆さんは期間限定ですが，そんな「大人」の社会の一員として生活することが職場体験学習です。責任ある「大人」として求められたことのすべてをやり遂げられるように，準備，本番，事後発表をしっかりと行いましょう。

　それでも実際に体験に入ると，職場と学校での生活のギャップに戸惑う生徒も少なくないでしょう。

　大人になったときの自分をイメージさせ，職場で労働体験をすることは，子どもの世界から一歩足を踏み出したチャレンジです。

　チャレンジすることは簡単なことではありません。見えない壁をジャンプして，その先を覗くことなのですから。

　では，チャレンジを保障するものとは何でしょう。私は生徒を支える

「後ろ盾」

であると考えます。

「安全基地」

と言い換えてもよいと思います。自分が守られていると実感できる「安全基地」があってこそ，人は前を向いてチャレンジしていくものです。その安全基地の一つが学級であってほしいと願っています。

　職場体験は生徒にとって，大人の社会を"見せる"ことだけが目的ではないと私は考えます。生徒に自分の"安全基地"を実感させ，失敗を恐れず積極的にチャレンジさせることも，職場体験の大きな目的なのだと考えます。

コラム　あなたの学級のスペシャルは何ですか？

あなたの学級の生徒が他の学級の友だちと会話をしています。

> うちのクラスってさ，他のクラスにはない○○があるんだよね。

　さて，あなたの学級には○○に入るものをすぐに思いつきますか。これがすぐに思いつく人，いくつも思いつく人は，学級の生徒に対して，他の学級にはない「特別なこと」をしている方でしょう。

　担任として，「○組には，この学級にしかない，こんないいことがある」というものを，生徒とともに共有することが学級づくりには重要であると考えます。

　例えば，一番わかりやすいのは「お楽しみ会」でしょう。

　それ以外にも，行事ごとの学級旗作成や誕生日の生徒への寄せ書きのプレゼントや誕生日新聞のプレゼントなども考えられるでしょう。

　このようなことは，小学校でたくさん行われている内容かもしれません。学級独自のスペシャルなことが，生徒の気持ちを高めたり，学級の結びつきを強くしたりする可能性は大いに考えられます。

　ですから，年に数回でいいと思います。短時間で行うことができるちょっとしたことでいいと思います。自分の学級しかないスペシャルなことを考えてみてはいかがでしょうか。

　ただ，気をつけたいのは，学年団の中で自分一人だけが突っ走っていくかのようにいろいろなことをやってしまうことです。

　学級とは学年の中で相対的に評価されるものであるとよく言われます。つまり，自分ばかりが目立ったり行きすぎたりしてしまうと，他の学級の相対的な評価にもつながるということを常に頭に入れておかなければいけません。

　特に昨今，学年が学年団として，学校全体がチームとして動いていく必要性が求められています。

　その中で，チームとしての役割を発揮しながら，いかに自分の学級にしか

ないスペシャリティを出すことができるかどうかは，非常に大切になってくるのではないでしょうか。

　生徒に求めることと同様に，教師も，個としてのあり方と集団としてのあり方のバランスを考えながら独自性を出していくことが必要だと考えます。

　以下に，一つ，誕生日新聞の実践を紹介します。

　　生徒の誕生日が来るごとに，他の生徒の一言メッセージを集めた色紙とともに帰りの学活でプレゼントします。

※成功させるコツ

　この実践は，もらった生徒が非常に喜ぶ実践です。一番の理想は，誕生日の当日に渡せるように作っておくことです。誕生日当日が，週休日や長期休業日にかかっている場合には，できるだけ近い日に渡すようにしましょう。また，全体の場で渡し，拍手で讃えることで，学級に対する帰属意識を高めることが期待できます。

※失敗しそうなところと失敗したときのリカバリー方法

　この実践で失敗する可能性として考えられるのは，最後まで続かないことです。初めは担任にも意欲があり，スムーズに出すことができるでしょう。しかし，日々の忙しさや突発的に起こる出来事などによって徐々に続けることに大変さを感じるようになることがあります。

　実際，私にもありました。特に1クラスが30人以上の子どもがいる場合には，人数に比例して大変さも大きくなります。ですから，軽い気持ちで始めようとすると続かないかもしれません。少し言い方は大げさかもしれませんが，最初の1枚を出したら，丸1年かけて，最後の1枚を出すまで根気強くやり続ける覚悟が必要な実践です。中途半端が一番いけません。それが生徒との信頼関係を大きく損なう可能性につながりかねません。もし，誕生日ごとに渡すことが難しい場合には，月末にまとめて「〇月生まれの子」と言って渡してもよいかもしれません。

　ともかく，始めたら最後までやり切る！それが一番のポイントです。

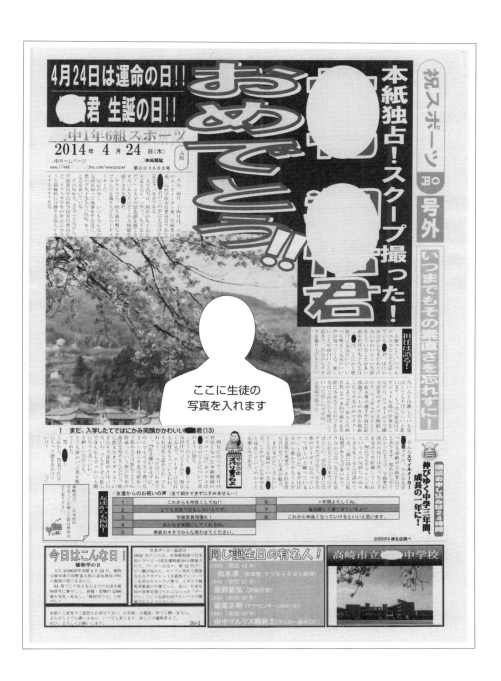

慣れが見える時期だからこそのテコ入れ

キーワード つながりを深める行事　定期点検　質問紙調査

学級のつながりを深める行事が行われる6月。しかし，よくも悪くも"慣れ"てくる時期です。この時期を"魔の月"にしないために，必要なこととは何でしょうか。

1 行事を通して，集団を強くする
～陸上大会を通して学級のつながりを深める～

　学級が始まって3か月。各校で体育的行事が行われます。学校によって陸上大会や体育祭が行われるところと球技大会が行われるところに分かれるかもしれません。

　どちらの行事が行われるにしても，目的は，

行事を通して学級のつながりを強くしていくこと

にあります。ですから，生徒が学級集団としてまとまっていくように指導していくことが必要です。

　私の学校では陸上大会が催されます。学校三冠行事の一つで，個人種目の得点と学級対抗種目（入場行進，長縄跳び，全員リレー）の得点の合計で順位を競います。

　担任は「絶対に優勝を取って，トロフィーを手にする！」という言葉で教室の雰囲気を盛り上げていきます。もちろん，言葉や態度で生徒の背中を押していきます。ですが，それ以上に，学級のために生徒個々がどれだけ貢献したか，行事後に学級の雰囲気がよくなる取り組み方ができたかも重要視します。

そのために，以下の指導を行うようにします。

① 行事に向かう姿勢について語る
② 望ましい姿の取り組みを紹介する
③ 本番後に取り組みの自他評価を行う

1 行事に向かう姿勢について語る

生徒に，行事に向かうにあたっての姿勢（心構え）を，時間をとって話します。

> 陸上大会が迫ってきました。みなさんの目標は何ですか？
> やはり，「優勝」でしょうか。先生ももちろん「優勝」を目指したいですし，そのためにできることは，協力していきたいと思っています。
> しかし，先生は「優勝」以上にほしいものがあります。さて何でしょう。
> それは，このクラスの「つながり」です。せっかく優勝しても，その後，クラスの仲がぎすぎすしてしまっては全く意味がありません。
> 優勝を目指しましょう！そして，行事後にクラスのつながりが強くなるように取り組みましょう！
> そのために，一人ひとりがクラスのためにできることをやっていくことが大切です。具体的には，クラスでやると決めた練習には必ず参加しましょう。うまくいかなかったときにはお互いに声をかけ合いましょう。

これは，陸上大会の練習の初日に語った言葉の一部です。

・この行事をどういう姿で臨んでほしいか
・そのために，具体的にどんなことをしてほしいか

を言葉の中に込めて話すようにします。
行事における生徒への語りは"何を"語るかにこだわるとよいでしょう。

2 望ましい姿の取り組みを紹介する

　本番までの間，生徒は休み時間や授業時間を使って練習を行います。自主的に練習をする生徒もいれば，なかなか取り組めない生徒もいます。
　ですから，良くも悪くも取り組みの様子を紹介し，可視化していきます。可視化の方法として一番多かったのは「学級通信」でした。学級通信は文字言語ですから，記録として残ります。また，友だち同士の相互評価につなげたり，家庭に生徒のがんばりとして伝えたりすることができます。
　以下に，その一部を紹介します。

> 　今，1組の最大の関心事は「長縄」です。現在の記録は96回でしたね（何人か抜けていた状態でしたが……）。最初こそ，調子のよいスタートを切りましたが，その後はなかなか記録が伸びていませんね。連続回数も初めてやった日に出した28回から超えられていません。それを受けてか，昨日の生活ノートにこんなことが書いてありました。
>
>> 　今日は，長縄で少しだけ多く跳べた。でも，もっと跳べると思う。一人ひとりがもっと跳ぼうという意識をもつだけで，もっと跳べると思う。もっと本気で跳んでほしいと思った。（自分も）もっと声かけしようと思った。
>
> 　書いた本人も含めて，他の人に対する苦言が書いてありましたが，先生は勇気を出して書いてくれたことがとても嬉しかったです。
> 　実は，先生も同じことを考えていました。確かに，みんなは長縄の練習を誰一人さぼりません。練習自体も一生懸命やっていると思います。それは見ていてわかります。しかし，横で見ていて「絶対勝ってやろう！」とか「絶対，跳んでやるんだ！」という気持ちが感じられないのです。雰囲気の問題なので，何とも言いようがないのですが，そういう気持ちをもっと出していいのですよ。そう言っている先生も，今まで

「みんなに任せよう」と思ってあまり声かけをしませんでしたが，今日から大声を出したり，みんなを盛り上げたりしたいなと思っています。みんなも長縄にもっと気持ちを出していこう！燃えるみんなの姿を見せて下さい！

◎みんなの生活は見えない誰かの支えによって成り立っている！

　みんなの学校生活の中でも，見えないところで学級生活を支えてくれている人がいることを知って下さい。

　それは，学級委員の呼びかけで始まった長縄練習です。

　始まったのはいいのですが，実はいつも肝心の縄が取り残されていることにみんなは気付いていますか？昨日も練習のために空になった教室に縄だけが取り残されていました。その縄を〇〇が持っていってくれました。練習後，みんなは教室に戻っていくのに，なぜか，縄だけがグラウンドに取り残されていました。その縄は誰が片付けてくれたか知っていますか？□□と△△です。2人で縄をきれいに束ねて教室に持っていってくれました。

　彼らは，特に役割が与えられていたわけではありません。しかし，嫌な顔を一つせずにしてくれました。みんなの生活を裏で支える動きをしている人は，本当にたくさんいます。先生は全員が集団の動きを積極的に支えられる人になってほしいと思っています。方法は簡単です。「他の人の動きに意識を向け，行動する」ことです。

　陸上大会の中でも，学級対抗種目の長縄跳びは，学級が一つにまとまるために非常に有効な活動です。だからこそ，生徒のよさや学級へ貢献する姿がたくさん見られます。協力する姿が見られる活動を重点的に可視化することがポイントです。

3 本番後に取り組みの自他評価を行う

　本番終了の翌日，生徒に右の振り返り用紙を配布して行事の感想を書かせます。

　振り返る内容は，

> ・個人種目の自己採点（100点満点中）
> ・練習中の取り組みや結果
> ・クラスで練習や本番でがんばっていた友だちとその理由
> ・陸上大会を通して，成長したこととこれからの伸びしろ（課題）を個人とクラスの両方を書く

です。

　振り返りは時間をかけてじっくりと書くようにします。時間にして20分以上はかけるようにします。このくらいの時間を要する文章量を書くためのワークシートを用意することがポイントです。

　生徒にも行事の振り返りは時間をかけるよう指導します。音声言語の振り返りは生徒の思いが瞬間的に消えてしまいます。また，思春期の生徒は音声言語よりも文字言語に表現するほうが自身の思いを適切に表現できる生徒が多い印象があります。生徒一人ひとりの思いを適切に汲み取る意味でも文字言語の振り返りにこだわります。

　大きな行事を前にすると，事前と本番は力を入れて活動するのに，終わると今までの盛り上がりが失せ，やりっ放しになってしまいがちです。本番での成果と課題を次の行動につなげることが成長には必要です。そのためには取り組みを振り返ることは必要不可欠です。しかし，学校現場はどこも忙しく，なかなか時間をとることができないのが現状です。しかし，振り返りの時間は工夫してでもつくるものです。そうでないと，いつまでたっても状況を変えることができません。

　ワークシートに書いた内容は，生徒同士のフリートークやワークシートの

> **平成27年度 陸上大会を振り返って**
>
> 名前＿＿＿＿＿＿＿＿＿＿
>
> ○勝つ人もいれば負ける人もいるのが勝負というもの。しかし、結果だけではわからない思いや友だちのがんばりがありました。陸上大会について振り返り、自分とクラスのよさと伸びしろ（課題）を自覚しましょう。
>
> （1）個人
>
> | 自己採点【100点満点】 | |
> |---|---|
> | 出場種目 | がんばろうと思っていたこと　と　結果 |
>
> ※自己採点…採点基準は自分なりに真剣に取り組み、クラスに貢献できたかどうかを100点満点で採点する。
> ○学級内の中で、クラスのためにがんばってくれた人をできるだけたくさん挙げてその理由を書きましょう。
>
> | がんばった人 | 理由… |
> |---|---|
> | がんばった人 | 理由… |
> | がんばった人 | 理由… |
> | がんばった人 | 理由… |
>
> ○陸上大会を通して、成長したこと、これからに向けての課題を個人とクラスについて書きましょう。
>
> | | 成長した（学んだ）こと | これからの伸びしろ（課題） |
> |---|---|---|
> | 個人 | | |
> | クラス | | |

回し読みを通して，学級全体で共有していきます。

　生徒の実態にもよりますが，対面コミュニケーションに苦手意識をもっている生徒は少なからずいます。特に2年生は顔を突き合わせて，互いに言葉をかけ合えない生徒も少なくありません。スキルがないというよりは，思春期で必要以上に異性が気になってしまう発達段階からくるものも多いのでしょう。とは言え，対話をまったくやらないわけにはいきません。しかし，音声言語による共有が難しいようなら，振り返りワークシートを読み合う共有方法を考えてもよいでしょう。

慣れが生まれるこの時期だから意識して見直す

　6月は、体育的行事を通してクラスのつながりを深めることは割と一般的に行われていることです。

　しかし、なぜ6月に行われることが多いのでしょう。

　それは6月が「魔の6月」と呼ばれるほど荒れが起きやすい時期だからではないでしょうか。以下のグラフは、いじめ認知被害者の数の月別グラフです。

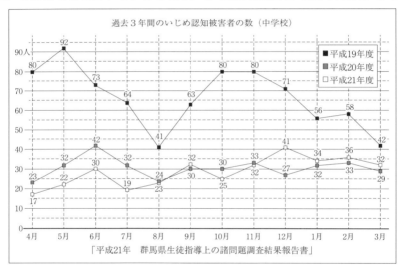

　データは少し古いものですが、注目すべきは1学期で一番いじめ認知件数が多いのは「6月」であるということです。

　経験上、生徒の様子から6月は学級が荒れるかもしれないという雰囲気を感じたこともあります。

　その原因を考えると、学級生活に対する「慣れ」から出てくるのではないかと考えます。

　だからこそ、教師が先手を打っていくことが必要です。

1 教師の見立てのズレを知り，指導の改善を図る

私は

学級診断の質問紙

を用いて客観的に学級の状態を把握するようにしています。

学級の状態を客観的に判断することができる質問紙はいくつか発行されています。どれを選んでもよいのですが，どの質問紙も費用がかかりますので，総合的に判断して選ぶとよいでしょう。

私は「ASSESS（以下，アセス）」と「学級力アンケート（以下，学級力）」の２種類を用いました。

アセスは「学校環境適応感尺度」と呼ばれ，生徒たちの学校適応感を測定します。「適応感」とは「『個人と環境との主観的な関係』のことで，個人の適応の一指標」のことを言います[14]。

34の質問項目に回答すると，「生活満足感，教師サポート，友人サポート，向社会的スキル，非侵害的関係」の６つの側面から生徒の学校適応感が示されます。結果は個人適性票と学級内分布票の２種類で示され，生徒個人の様子と学級全体の様子を知ることができます。

また，学級力は「子どもたちが学級づくりの主人公となって目標達成力，対話創造力，協調維持力，安心実現力，そして規律遵守力からなる学級力を高めるために，学級力アンケートで自分たちの学級の様子をセルフ・アセスメント（自己診断・自己評価）すること」を目的につくられたものです[15]。

アセスは，私自身（担任）の生徒への接し方に対して，生徒自身がどのように感じているかを知り，接し方や支援方法の改善を図るために用います。また，学級力は，生徒自身が学級全体の様子を把握し，そこから考えられる課題に対する改善策を考え，実際に解決することを通して，学級全体のつながりを深めるために用います。

客観的な質問紙調査を行うときに気をつけることがあります。それは，

生徒の状態を,あらかじめ予測してから行う

ことです。

　兵庫県の岡田広示先生は,学級の様子を学級診断テストによって客観的に診断するときは,「テストをする前に『教師がフォーマット』をつくること」,「シートに向かって『この子はこの辺りかな?』,(中略),とクラス全員がどこにくるのかを予測しておくこと」の重要性を指摘しています[16]。

　特にアセスは,結果を出す前に教師自身が生徒の結果を自分なりに予測することが必要です。実際の結果と自分の見立てにどのくらい差が出るのかを把握することができ,指導の改善につなげられるでしょう。

2　生徒同士が改善策を考え,学校生活の改善を図る

　アセスの他に学級力の質問紙調査を行う目的は,

> 生徒自身が学級全体の様子を把握し,そこから考えられる課題に対する改善策を考え,実際に解決すること

にあります。ですから,結果が出たら,できるだけ早く生徒たちに公表し,そこから実際にどこを改善するかを話し合い,実際に行動の改善をするようにしました。以下に,その流れの一例を示します。

> ①　「学級力アンケート」を実施し,結果を生徒に示す(結果はレーダーチャートになり,課題がどこにあるか,生徒が見てもわかるようになっている)。
> ②　学級にとって現在,一番の課題として改善しなければならない項目はどれかをグループごと(生活班)に話し合う。
> ③　改善が必要な項目について,具体的にどのような行動をしていけばいいか改善策を話し合う。話し合いには紙とペンを用意し,解決策をそこに自由に書き連ねる。

④　これから自分たちがやっていく解決策を選び，短冊に記入する。
⑤　グループごとに発表し，全員がやるべき行動として共有する。

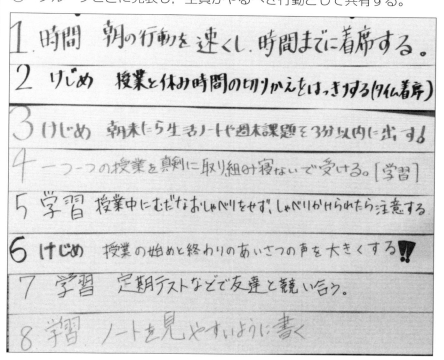

　これ以外に，全体で一つを決めて改善を図るなどといった方法も考えられます。

　私には生徒全員が学級の課題を自分事として捉え，生徒自身が主体的に学級づくりに参画してもらいたいという願いがありました。ですから，話し合う単位を生活班とし，生活班全体で出る課題すべてが，学級の課題であるという考えに基づいて話し合いの方法を決定しました。

　方法はたくさんあり，正解は一つではありません。大切なことは，生徒自身が時間をかけて学級のことを考えることです。ここに活動の意味があると考えます。

3 学級目標，ルール，システム，関わりも同時に点検する

　学級診断の質問紙とともに，4月に立てた学級目標やルール，システムを見直すことも必要だと考えます。方法はたくさんありますが，一例として学級目標の見直しを目的に用いたワークシートを紹介します。

　右のワークシートを配布し，学級目標がどのくらい達成されているか生徒に記入するように指示しました。

　書かれた内容は学級全員で共有し，目標の達成ができていないところを課題として挙げ，改善点を話し合います。

　改善点は翌日から実際に行動していきます。

　ただ，2種類の学級診断の質問紙をやるだけでも生徒への負担は大きいと考えられるので，方法や頻度などはしっかりと考えた上で実践することをおすすめします。

　実態を把握することが目的なのに，それが生徒にとって負担になりすぎてしまうのは本末転倒ですから，担任が何を用いるかを精査して生徒に示していくことが必要でしょう。

定期テストで出口を意識させる

　1学期は，定期テストを期末のみ行う学校と中間と期末の2回行う学校とがあります。定期テストは基本的には個人戦ですが，定期テストこそ，学級全員で目標をもって向かっていきたいものです。
　それは3年生になったときのためです。
　3年生になると，高校進学に向けた受験が待っています。高校受験は個人戦であると考えられがちですが，学年や学級で「共に志望校に合格しよう！」と一致団結し，団体戦として立ち向かっていくように生徒の気持ちを引っ張っていくことが学級経営でも学年経営でも重要であると考えます。時期的には早いですが，2年生の1学期から，3年生の高校受験を見据えて生徒に意識付けを行います。
　そのために，

> ①　3年生を意識させ，集団で学習に向かっていくように語る
> ②　学級全体が学習に向かう時間をつくる

ことが必要です。

1　3年生を意識させ，集団で学習に向かっていくように語る

> 　中間（期末）テストまで，あと○日となりました。
> 　みなさんは，昨年1年間，中学校の定期テストを経験してきましたね。さて，定期テストは何のために行うのでしょう。みなさんの学習の定着度を知るためというのも目的の1つです。
> 　もう1つは，来年度の高校受験で自分たちがどの高校へチャレンジできるか，つまり，自分たちの実力を把握することが目的です。

まだ，先のことでイメージが湧かない話かもしれませんが，3年生にとって，高校受験は乗り越えなければならない壁であることは，みんなにもわかるはずです。ですから，今から少しずつ高校受験を見据えて，定期テストに向かっていく活動をしていきます。
　勉強は一人で黙々と取り組める人もいれば，逆に一人ではなかなか集中して取り組めないという人もいるかもしれません。
　高校受験は団体戦です。もちろん，テストで点数を取るのは個人ですが，みんなで志望校合格へ向かって，互いの力を高め合うという意味では団体戦になります。
　3年生に向けて，クラス全体で一人ひとりの力を高めていく雰囲気をつくっていきたいものです。そのために，学習はみんなで取り組んでいきましょう。わからないところは，わかる友だちに聞きましょう。わかっている人は積極的にわからないと言っている人に教えてあげましょう。
　皆さんには，人の力を借りながらも自分の力を高めていける人，高めた力を人のために使うことができる人になってほしいと考えています。
　これを"協働"と言います。
　クラス全員で協働していきましょう。協働で一人ひとりの力を高めていきましょう。

　集団で学習に向かっていくことは，授業において，学習課題を集団解決していくことと似ています。
　「協働（チーム）思考」と言い換えることもできます。
　学級とはチームです。チームとは，強い"個"が同じ目標，同じ信念をもち，同じ屋根の下に集まり，切磋琢磨することで強い"集団"をつくり出すことに本質があると考えます。
　しかし，いきなりそこに向かうことは難しいものです。まずは，授業や定期テストといった全員が共通して向かうものを決めて，そこに集団で向かっていく意識をもたせることが大切です。

2　学級全体が学習に向かう時間をつくる

　学級全体が学習に向かえる一番の時間はもちろん授業です。しかし，授業以外で学習時間に向かう時間があったとしたら，また，定常的につくることができたとしたら，学級がチームとして機能するのではないでしょうか。チームを目指して学級全体を学習に向かう雰囲気にするために，まずは，定期テストの数週間前から始めるとよいでしょう。

　定期テストの2週間前から，学級で「休み時間学習強化週間」と銘打って休み時間の学習を推奨します。

　これは強制的なものではなく，生徒たちの中から自主的に勉強したい生徒が行うようにします。そして，周囲はそれを見かけたら，集中して勉強できるように協力するようにするというものです。

　大切なことは，担任の理想を押しつけないことです。何事もそうですが，人から押しつけられたことは長続きしません。特に思春期の生徒は押しつけに感じられる教師の姿勢に反抗的な態度をとることが少なくありません。

　ただ，教師の言葉を素直に聞き，行動に移してくれる生徒は一定数いるはずですから，まずはその生徒に向けて発信していくとよいでしょう。そして，定期的にがんばっている生徒を紹介したり，教室の雰囲気が徐々に学習に向かっていることを称賛したりしながら，休み時間に学習する人数を少しずつ増やしていくようにします。

　また，こうした学習強化週間中も1～2回は校庭で体を動かしたり，リフレッシュしたりするように声かけをします。

　この実践は，あくまで3年生になったときにスムーズに受験勉強へ向かっていけるような心構えをつくる練習のようなものです。

　ですから，もし，学級が理想通りになっていなくても，焦ったり悲観したりすることもありません。焦らず，しかし，確実に全員で学習に向かっていく雰囲気を1年かけてつくっていくという気持ちで臨むとよいでしょう。

第5章 夏休みだからできること，夏休みにしかできないこと

> **キーワード** 生徒同士のネットワーク　部活動　関係性の糸紡ぎ
> 担任する生徒たちとの日常はひとまず一休み…ですが，直接会うことは少なくても，担任として生徒とのつながりは意識しておきましょう。直接会わずとも，つながりをもち続けるためのひと工夫です。

 生徒のネットワークにアンテナを張る

　夏休みは，登校日を除いて1か月以上生徒と顔を合わせる機会がありません。中学生は行動範囲も広がり，教師や保護者の目の届かないところで，どのような生活を送っているかは把握しづらいものです。何もしなければ情報を入手することはできません。ですから，自分から生徒のネットワークにアンテナを張ることが必要です。

　これを知るには，夏休み前から布石を打っておきます。生徒と会話し，さり気なく夏休みの予定を聞くことです。「夏休みはどこか遊びに行くの？」「〇〇祭り（地元のお祭り），誰と行くの？」などという質問を会話の中に盛り込みながらおしゃべりをするのです。日常会話の一部ですから，生徒も抵抗なく話してくれる子が多いでしょう。中には「何で，そんなことを聞くんですか？」と少しいぶかしげに質問を返してくる生徒もいます。そういう場合には「別に，何となく気になったから聞いてみただけだよ」，「あれ？先生に言えないことをしようとしているの？」と冗談めかして言うようにします。

　大切なことは，生徒と気軽に会話ができる関係性を築いておくことです。前章で縦糸について，堀先生の「教師と子どもたちとは立場が異なるのだ，決してフラットな関係ではないのだ，子どもたちは教師の指示を聞かなけれ

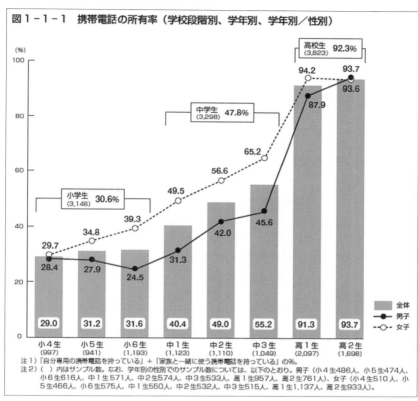

ベネッセ教育総合研究所　子どものICT利用実態調査　2008年より

ばならないのだ，そんな両者の関係を指している[17]」という考え方を紹介しましたが，私は生徒との気軽な会話からフラットな関係性を織り込むことも，縦糸を形成する重要な要素であると考えています。そこで日頃から，生徒との会話内容に十分気を配りながらコミュニケーションを図るようにします。

　また，生徒のインターネット環境にも気を配ります。

　上のグラフからもわかるように，今や，中学2年生のおよそ2人に1人が携帯電話を所有している現状です。

　ここから，自分たちの目の前の生徒も，その多くが携帯電話を所有している現状が考えられることは想像に難くありません。また，大多数の生徒がイ

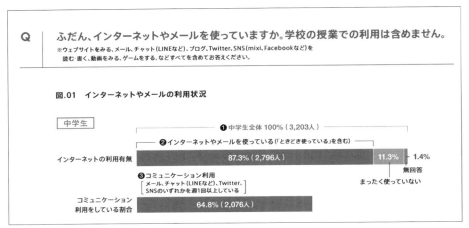

ベネッセ教育総合研究所　子どものICT利用実態調査　2014年より

ンターネットを利用し、その中の約65％の生徒がインターネットを介したコミュニケーションを利用している実態があります。

　だからこそ、教師は生徒のインターネット内における関わりにも関心を向けなければなりません。もちろん、生徒は大人にわからないところでやろうとします。教師が近づくほど、離れていきます。

　ですから、生徒の関わりを把握しつつ、把握していることを生徒がわかるようにしておくことが必要です。

　この対応では不十分だと感じる方もいるかもしれません。しかし、こちらが過剰に反応するほど、生徒は陰に隠れてしまいます。程よい距離感を保ちながらも、「あなたのことを気にしている」ことを常に伝えるようにしましょう。

　また、生徒が立ち寄りそうなところにあえて行くことをおすすめします。

　夏休みは勤務時間にゆとりがあります。ですから、校区内はもとより、生徒が立ち寄りそうな場所に、教師も行ってみるのです。もし、そこで会うことができたらひと声かけましょう。教師の存在を感じさせることが夏休みには非常に重要なことだと思います。

コラム　他人事ではないネットトラブル

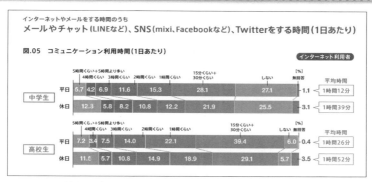

ベネッセ教育総合研究所　子どものICT利用実態調査　2014年より

　上の図は，中学生のメールやチャット，SNSなどをする時間の平均を示したグラフです。グラフからは，平日で平均1時間12分，休日で1時間39分のコミュニケーション利用時間があること，また，2時間以上利用している生徒が，約3割いることがわかります。

　このような状況ですから，コミュニケーションツールによるトラブルは数多く起きています。

　しかし，自分の身に降りかかってこないと，なかなか自分事になりません。

　だからこそ，正しい情報モラルを身につけさせる指導のあり方を模索してことが必要です。

　中学生の担任をする以上，この現状と向き合っていかなければなりません。

　共に，健全で，将来の社会をつくる担い手を育てるためにできることを考えていきたいですね。

2 部活動の主役として
〜上級学年から譲られるもの〜

　2年生の夏休みは，1年生のときと大きく違った夏休みになります。それは，上級生である3年生が夏の中体連の大会を最後に，部活を引退し，2年生が部を主となって引っ張っていくということです。

　特に運動部の生徒は，上級生から伝統などさまざまなものがバトンとなって手渡されます。

　この時期の生徒は，全員が部活動を引っ張っていこうというやる気に満ちあふれています。

　長期休業中ですから，生徒の様子を知る機会は少ないかもしれません。だからこそ，夏休みの生徒の様子を学級担任として知り，気遣っていく必要があると考えます。そこで，夏休みは

> ①　やる気がみなぎるこの時期に，生徒の部活動の様子を見に行く
> ②　部活動顧問の協力を得て，担任する生徒の様子を聞く
> ③　①や②で見たり，聞いたり，感じたりしたことを生徒本人に伝える

ことを行います。

①　やる気がみなぎるこの時期に生徒の部活動の様子を見に行く

　ほとんどの先生が部活動顧問をしていると思いますので，なかなか時間の工面は難しいですが，できるだけ時間を割いていろいろな部活動の練習や試合を見に行くようにしましょう。

　部活動に一生懸命がんばっている生徒ほど，普段の学校生活とは違った表情を見せるものです。ですから，割と時間がとれる夏休みに様子を見に行くことをおすすめします。

②　部活動顧問の協力を得て，担任する生徒の様子を聞く

　直接見に行くことが難しい場合は，部活動顧問の先生から夏休みの部活の

様子を聞くとよいでしょう。

　部活動顧問の先生は学級以外の生徒の様子をよく知っています。担任にとっては非常に大きな味方です。

　普段の教室では見せない姿は，自分から情報を得ないと手に入れられないものです。多くの面から生徒の人柄やがんばりを理解するためにも，部活動顧問の先生とはコミュニケーションを密にしておきましょう。

③　①や②で見たり，聞いたり，感じたりしたことを生徒本人に伝える

　実際に生徒の様子を見たり，部活動顧問の先生から聞いたりしたことは，言葉にして生徒に伝えましょう。一番効果的なのは，直接生徒と顔を合わせて話をすることです。

　夏休みですから，直接会って伝えることが難しいようなら，暑中（残暑）見舞いの言葉にして送ってみてはどうでしょうか。

　私は長期休みのときに生徒に暑中（残暑）見舞いを送ることを心がけています。そこに一筆，部活動でのがんばりを書いて送ることで，生徒に担任の思いが伝わることでしょう。

夏休みに紡ぐ横糸
～暑中お見舞い申し上げます～

　生徒同士の人間関係は夏休みに入ると同じ部活，塾に通っているなどという共通項がなければどうしても薄くなってしまうものです。
　そこで，手軽にできて，学級の生徒同士のつながりを保つ実践を紹介します。

　～暑中お見舞い申し上げます～
　①　はがきを一人１枚分用意する。
　②　生徒全員の名前が書かれたくじを用意し，順番に引いていく。
　③　引いたくじに書かれた生徒に向けて，配布されたはがきに暑中見舞いを書く。内容は自由だが，イラストなどを入れて丁寧に仕上げるようにする。
　　※ただし，誰を引いたかは絶対に教室で言わないようにする。
　④　でき上がったはがきを担任に提出し，担任が暑中見舞いの時期に投函する。

　これだけです。生徒には，はがきの書面は丁寧に仕上げることを約束事として伝え，担任は提出時に文面と内容のチェックを行います。
　どのはがきにも「夏バテしていませんか？」「食べすぎには注意して下さい」「熱中症に気をつけて部活をがんばって下さい」など相手を思いやる内容がイラストとともに描かれていました。それぞれの個性が出ていて，非常にほほえましく感じながら，投函しました。
　生徒は，はがきが届いたときに初めて誰が自分に暑中見舞いを書いてくれたかがわかります。その時の様子は知ることはできませんが，生徒同士の横糸を紡ぐ一助になるのではないかと考えます。
　この実践は，冬休みは年賀状に応用することもできます。

1学期の振り返りと2学期の戦略を立てる

　夏休みは担任にとっても日々の忙しさから少し解放されて，時間に余裕が出てくる期間です。のんびりしたり，休んだりすることももちろん大切です。

　しかし，気持ちにゆとりがあるときだからこそ，学級のメンテナンスを行いましょう。メンテナンスとは言い換えると「1学期の振り返り」です。

　学級初めに生徒に示し，定着させてきたルールやシステムは1学期の終了まできちんと機能していたか，また，機能していなかったことは何かなどを振り返っておきましょう。

　以下に振り返りの観点を例として示します。

【振り返り】
・学期初めに教師が設定したルールやシステムの機能度は何%か
・機能していた場面と機能していなかった場面は，
　　いつ，
　　どこで，
　　どんな状況で起こったのか，
　　機能した（しなかった）場面に関わっていた生徒は誰か　　など
・学級目標の達成度は何%か
・その達成度にしたのはなぜか
・教師と生徒の縦糸はどのくらい紡ぐことができたか
・生徒同士の横糸はどのくらい紡ぐことができたか

などが考えられます。他にも生徒の実態に合わせて考えてみる必要があるでしょう。

　気をつけなければならないこととして，「できていないことばかり列挙しない」ことが挙げられます。

1学期ですべて自分が思い描いていた目的が達成されている学級なら，それは，目標設定が低かったか生徒がめざましい成長を遂げたということになります。しかし，そのような学級はほとんどないのが普通です。

　振り返りで，できないことばかり挙げるのはあまり前向きであるとは言えません。学級の生徒ができたこともたくさんあったでしょう。できたこともきちんと事実として把握しておくようにしましょう。できた事実の積み重ねは2学期へ向かう自信となるはずです。

　「1学期は○○ができて，××ができなかった」という振り返り方をして，しっかりとノートなどに書き出しておきましょう。

　振り返りができたら，そこから2学期の戦略を考えていきます。戦略として考えることは

【戦略】
・1学期の振り返りから見えてきた課題について，
　どこを，
　どのように改善すればよいか
・振り返りで出した機能度や達成度を上げるために具体的にすること

などを書くとよいでしょう。

　また，学期末には生徒が書いた学級生活の振り返りの分析をしたり，1学期に行った学級診断テストの分析を行ったりして，そこから，生徒一人ひとりへの支援方法の手立てを考えたりすることも行います。

コラム 日々の出来事を記録する

　みなさんは学級での日々の生活の記録をしていますか。前述の振り返りをより正確に詳細に行うために，日々の生活の記録をとっておくことをおすすめします。

　しかし，忙しい中ではやり続けることの難しさがあるでしょう。記録することへの得意不得意もあるでしょう。

　私も記録することが大の苦手です。しかも，日々の生活は忙しく，実行することは難しいと感じていました。

　過去にやってきた方法もなかなか続かなくなり，しんどさを感じていたときに参考にしたのが大阪の杉本直樹先生の手帳術です[17]。

・２冊の手帳を使い分けること
・客観的記録と主観的記録を書き分けること
・「箇条書き＋文」の体裁で書き進めること

を追試する形で始めました。

　初めは慣れるまでに時間がかかりましたが，慣れると手帳を常に持ち歩くのが当たり前になり，手帳を持たないほうが違和感を感じるまでになりました。

　手帳への記入が日々の実践の助けになっていますし，長期休みの振り返りにも大きな効果を発揮してくれます。

集団の成熟を目指した取り組みを中心に

9月〜10月

🔲キーワード　成熟した集団づくり　合唱コンクール　球技大会
学級生活が再開し，集団の成熟と優勝を目指しての行事が続きます。行事へ向かう過程では，さまざまなドラマが起こります。この時期の実践をエピソードを交えて紹介します。

 長期休み後の再始動，最初の１週間が大事！

　１か月にも及ぶ長期休業を経て学校が再開します。部活動で中心として暑い夏を耐え抜いてがんばってきた生徒もいれば，暑さに負けてしまった生徒もいます。さまざまな長期休みを経た生徒たちが一堂に会します。
　２学期は学級をチームにするべく，成熟を図る大切な時期です。できれば，いち早くスタートダッシュをかけたいところですが，教師だけがそう考えていても物事はうまく進みません。まずは，生徒の様子をじっくりと観察すること，そして，集団の状況をメンテナンスするところから始めましょう。

1 集団の状況をチェックする

　集団の状況をチェックするために，２学期初日に提出義務のあるもの（個人情報を含むものは除きます）を生活班ごとに集めることから始めます。
　集め方は班ごとに任せますが，その後，全員分が名簿順にそろっている状態になるように指示します。
　担任はすべての班の提出物が集まった時間を測ったり，生活班で積極的に動いてる生徒が誰かを観察したりしておきます。
　これだけで，ある程度の集団の状況を把握することができます。

提出が済んだら，観察して気付いたことを生徒に話しましょう。気をつけることは，

> **最初からダメ出しをしない**

ことです。先ほどの活動でよかったと思う生徒の行動を生徒の実名を挙げながら話すほうがよいでしょう。

提出物を生活班で行うことで，生徒の日常生活の活動スイッチをオンにすること，よい行動を見つけて可視化していくことで生徒の「やる気」に火をつけます。初日にできることはこれくらいかと思います。

2学期のスタートは，4月の学級開きに次いで，スタートが重要とされている時期ですが，私の学校では，初日は始業式後の1校時の半分ほど（長くて30分）の時間が学活として充てられるだけで，その後は実力テストに入ってしまいます。スタートダッシュと言いながらも，できることはそれほど多くありません。

2学期初日の目的は，生徒に学校の日常生活が再開したことを実感させることにありますので，活動はこの程度にとどめておくほうがよいでしょう。

2 ルールやシステムを確認する

初日はやることが多く，ルールやシステムのチェックをする時間は多くとれません。ですが，日常生活に必要な動きがどれだけ目減りしているかは確認しておくことが必要です。

初日から必ず行われるのは給食と清掃です。そこで，これらの生徒の動きを注意して観察しておきます。できていることを可視化し，ほめていきつつ，目減りしている部分をテコ入れします。1学期に生徒は，学級のルールとシステムに沿った当番活動を行っているので，テコ入れの期間は2週間以内と決めて，できるだけ早く1学期の状態に戻しましょう。

この1～2週間は，今後の2学期の学級の成熟を決める大きなポイントになると考えます。特に力を入れて確認と修正を行いましょう。

3 行事を柱に学級の成熟を目指す

　2学期は，10月初旬に合唱コンクールを兼ねた文化祭，10月下旬～11月上旬に球技大会（バレーボール大会）が行われます。

　6月の陸上大会と併せて三冠行事であることは先述しました。残る二冠をわずかな期間で競うことになります。この2か月間は，金賞や優勝を目指そうとやる気になる生徒が増え，学級のエネルギーが高まってくる時期です。

　担任としても学級の成熟を目指し，本番までの取り組みを意図的に仕組んでいきます。

　私は二大行事を取り組むにあたって，生徒に

・練習中の問題は自分たちで解決すること
・行事後に，1学期以上の学級のつながりが深まること

という2点を課しました。

　大きな行事を前にすると，練習中にたくさんの問題が発生します。ここでのトラブルは，生徒の思いの強さや生徒個々の取り組み方の差によって起こることがほとんどです。これをそのままにしておくと，雰囲気がどんどん険悪になり，練習自体が立ち行かなくなります。

　ですから，トラブルが発生したときには必ず生徒自身に話し合いをさせて解決するように伝えます。

　ただ，何か起きたときだけ話し合いをすると，生徒の気持ちが高まっていかないので，毎日の練習の最後にパートごとに集まって話し合う時間を設定し，互いのいいところや練習の取り組み方についてざっくばらんに話ができるようにしておきます。

(1) 金賞を目指し，つながりを深めるための合唱コンクール
◆ 合唱コンクールがもつ意味

　北海道の堀先生は，合唱コンクールについて「学級リーダーを中心として

学級全員が一つのことに取り組む，さまざまなトラブルを経験しながらもそれを一つ一つ乗り越えていく，結果として学級としての結束力が高まるとともに集団としての質が強固なものになっていく」と述べています[18]。また，「やはり，合唱コンクールは競い合うことによって各学級を切磋琢磨させるものである」と述べています[19]。

　私も同感です。順位を競うコンクールは集団が結束していく側面と，優勝や金賞をかけて各学級が切磋琢磨することで学級や学年，さらには学校全体の質を高めていく側面があると考えます。

　さらに，堀先生は学級担任の影響力を「『指導力』以上に『感化力』が大きい」と述べ，担任のやる気は生徒のやる気を左右することを指摘しています[20]。

　ですから，生徒にコンクールのもつ意味や担任の願いをきちんと語り，生徒同様，担任が熱く，一生懸命になりましょう。その後，練習や，練習後の活動を仕組んでいきます。

　合唱コンクールは学級担任の力量が問われる大きな行事なのです。

　私は生徒同士のつながりを深めることと技術の向上を目的とした「パートミーティング」を行います。

合唱コンクールにおけるパートミーティング

◎目標

　リーダーとフォロワーの役割を意識して，互いの発言に耳を傾ける。

　練習中のよいことや課題を共有し合い，互いの力を高め合う。

① 合唱練習
② パートごとに輪をつくり，個人で練習を振り返る。付箋に記入する
③ 記入した付箋から台紙に貼り付ける
④ 一人ずつ，付箋に記入したことを発表する
⑤ 翌日のパート目標を決める
⑥ 翌日の目標を全体に発表し合う

パートミーティングで作成された台紙と翌日のパート目標は，教室内に設置されたパートごとの掲示板に貼り，毎日更新されます。
　教室内に貼っておくと，各パートの練習状況や話し合いの内容，誰ががんばっているかなどが一目でわかります。パート間で内容の確認ができるようにしておくことで全員の一体感につなげることができるでしょう。

パートミーティングの留意点として,

> 練習中に思ったことや感じたことは必ずその場で正直に話すこと

を約束として伝えて下さい。

　行事練習は,ミーティングのときに何も言わず,後になってから,仲よしグループで思ったことや苦情などを言い合うといったこともよくあることです。そして,これがトラブルのきっかけとなります。ですから,練習中のことは,その日のパートミーティングで必ず正直に話すこと,パートミーティング後に,別の場で不満や苦情を話さないよう,徹底しておきましょう。

(2)　優勝を目指し,共に本音を語り合うバレーボール大会

　合唱コンクールが終わってほどなく,生徒の関心事が次の行事,バレーボール大会に移っていきます。

　ここでも,チーム内で起こったことや感じたことを定常的に話し合える場として,チームミーティングを設定します。

バレーボール大会におけるチームミーティング
◎目標……合唱コンクールと同じです。
① チーム練習（体育の時間や休み時間）
② チームごとに輪をつくり,練習中のよかったこと,がんばった人,個人とチームの課題を輪番で発表する
③ 翌日のチーム目標を決める

　上記の方法はショートバージョンのものです。

　合唱コンクールは,文化祭とタイアップして行われるものなので,合唱コンクールのための時間が設定されています。

　しかし,球技大会は合唱コンクールほど時間が確保できません。ですから,日常生活の中で簡潔に行えること,それでいて,継続的に行えることを重視して設定しました。

(3) 行事練習と行事本番の実際

二大行事の練習では，本番までに本当に数多くのことが起こりました。

① 中間学年としての「合唱」を創る
～先輩としての手本を示す合唱コンクール～

合唱コンクールでは，本番前の日々の中で，他学級との歌い合い，つまり，練習試合をたくさん行いました。その目的は，生徒の合唱への意欲向上でしたが，下学年との歌い合いでは

先輩としての"姿"を示す

ことを裏のねらいをもって臨みました。

学級に第三者の目を意識させることは学級の生活をよりよく促進させる効果があります。

特に，後輩である1年生からの目は，生徒たちを一歩大人として振る舞わせることができます。

歌い合いが終わったら，1年生にお願いして，先輩の歌のよかったところ，直すともっとよくなるところを付箋に書いてもらい，生徒への激励のメッセージとして教室掲示しました。

身近な後輩が自分たちをどのように見てくれているのかを知る機会となり，生徒の一層の自覚を促すことができました。

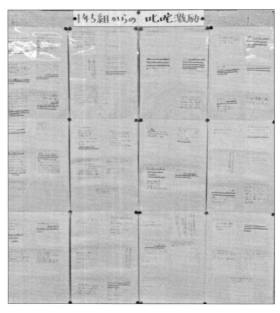

② パートミーティングでの一言で……

　ある日のパートミーティングでの出来事です。全体での共有場面でどこからともなく，「教室では声があまり響かないから，声の響くところで歌いたい！」という声が出ました。

　すると，「いいね！」と大盛り上がり。翌日，声の響く場所を探して，生徒が選んだのは廊下の階段でした。声が反響しやすいというのが理由でした。

　歌ってみると，声が反響し，増幅されて，教室で歌うときより何倍も大きな声に感じた様子でした。これで気をよくした生徒たちはその後，歌うたびに声が大きく響くようになりました。教室でも自信を持って歌うようになり，合唱のレベルを１つ上げることができました。

③ **本音のぶつかり合いが，本気を生む！**

　合唱コンクールの翌日，学級でバレーボール大会に向けた練習が始まりました。合唱コンクールは，６クラス中２位の銀賞を手にしていたので，「次こそは優勝！」という思いで練習を始めた生徒が数多くいました。

　チームごとに試合形式の練習をしていると，女子チームの一人が突然泣き出しました。すぐに泣きやんで，練習は再開されましたが，その後のチームの雰囲気は険悪さだけが残りました。

　練習後，私はそのチームの生徒（以下，A子）を呼び止め，何があったかを聞きました。すると，

> 　○○さん（泣き出した生徒，以下B子）は，合唱コンクールの銀賞が悔しくて，バレーボール大会は何が何でも勝ちたいんだそうです。だから，ちゃんと練習してくれない子を見ると腹が立つんだって。そのときに，たまたま，同じチームの△△さん（以下C子）が２〜３人固まってしゃべっているのを見て，「ちゃんとやってよ」とB子さんが話したら，C子さんに「やってるよ」と言われたのが嫌だったみたいです。どうやら，C子さんは別に勝てなくても楽しくやれればいいって思っているみたいなんですよね。

と話してくれました。そこで，私は，

> じゃあ，チームミーティングで最初からしっかりと話したほうがいいね。時間はあげるから，互いに納得するまで話し合ってごらん。練習は話し合いが終わった後で始めればいいから。

と話し，翌日，女子3チームが一堂に会した「合同チームミーティング」を行いました。

話し合いの前に，私は全員に，

> 自分の思っていることは，隠さずに正直に話そう。そして，友だちの話は敬意をもって聴こう。大切なことは，「伝えるべきは，しっかり伝える！聴くべき声はしっかりと聴く！」ことですよ。それだけは忘れずに話し合いましょう。

と伝えました。話し合い，「勝ちたい生徒同士，楽しくやりたい生徒同士でチームを組んで戦う」という結論が出てくるだろうと私は予想していました。

話し合いの論点は球技大会の目標に至り，全員が自分はどうしたいのかを言い合いました。

「優勝を目指したい!!」
「楽しくやりたい!!」

2つの意見は，ほぼ半々でした。私は，担任がいないほうがもっと本音が言えるだろうと思い，この後の話し合いは彼女たちに任せて，別の場所で結論を待つことにしました。

生徒が考えた結論は，

チームは変えず，楽しみながら，優勝を目指す！

ということでした。

どのようなことが話し合われたかはわかりませんでしたが，生徒が決めた

結論を尊重し,「ここからはがんばって練習をしよう」と伝えて話し合いを終わりにしました。

私は話し合いのいきさつをＡ子に聞いてみました。

> みんなが自分の思っていることを正直に出し合ったんです。そうしたら『勝ちたい子同士,楽しくやりたい子同士でチームを組もう』になりかけたんです。でも,Ｂ子とＣ子が『言いたいこと言って,相手の話を聞いたら何だか思いがわかったよ』って言い出して,それで,あの結論になりました。

と話してくれました。私は

> わかった。本音を出し合えたんだから,あとは本番に向けてがんばるだけだね。

とＡ子に伝えました。その後の女子チームの練習は笑顔にあふれ,失敗しても声をかけ合い,本気でボールを追いかける姿が見られました。

そして,迎えたバレーボール大会本番。女子チームは順調に勝ちを重ねていき,何と体育の授業で１度も勝てなかったクラスにも勝つことができました。勢いに乗った女子チームは,全勝優勝を飾りました。

また,別会場の男子も優勝を勝ち取り,何と,男女アベックの完全優勝を勝ち取ることができました。

生徒たちは大喜び。声を枯らして応援していた私も大盛り上がり。最後は全員で円陣を組み,体育館いっぱいに響きわたる声で勝ちどきをあげ,笑顔で記念写真を撮りました。

女子の合同チームミーティングのことを思い返すと,

話し合っているうちに全員の思いが共有のものになり,全員が一つにまとまって球技大会が向かっていこうという気持ちが芽生えた

ことが,この結末を生んだのだと思います。

互いの本音が本気を生み，思いがけない結末を間近で見ることができました。私は本音で語る「話し合い」のもつ力を実感しました。
　思いをもち，共有し，同じ目的に向かって励まし合う。そして，全員が「つながった」とき，中学生が思いがけないパワーを発揮するのだなと心から感じました。

　パートやチーム，学級全体に話し合いという「しゃべり場」があることで，生徒たちの間では多くのドラマが生まれます。
　互いの思いが交錯する教室ならではの光景です。よいこともそうでないことも，互いに腹を割って話すことの重要性を心から感じた二大行事でした。
　ミーティング活動は生徒にとって「思ったことが正直に話せる場」となりました。
　生徒たちが関わりの中で，もっとも不信感を募らせること，それは

> **自分の思っていることや感じていることを聞いてもらえない，わかってもらえない**

ことにあるのだと思います。
　互いがざっくばらんに自分の思いを話し，聞く。それが，定常的に保障されれば，たとえトラブルが起きても，大きな問題には発展していかないのではないでしょうか。また，話し合いは生徒同士の安心感や敬意をも育むことができる場です。互いの共同体感覚を高めるためにも，日常生活における定常的な話し合いは必要不可欠な活動でしょう。

コラム 合唱コンクールは４月から始まっている？

　「合唱コンクールは４月から始まっている」と言われたら，みなさんはどう感じますか。「そんなことはない」という声もあるかもしれません。しかし，私は本気でそう考えています。

　例えば，合唱コンクールを間近に控えた音楽の授業は，毎時間音楽室に出向いて，音楽の先生とともにパート練習の様子を見たり，生徒と一緒に歌ったりします。それを可能にするためには，音楽の時間に自分の授業が当たっているかどうかを４月の時間割作成のときに確認します。また，もし入ってしまっていても授業時間を工面して音楽の授業に出られるようにします。

　学級開きの生徒への所信表明のときには必ず「先生の夢はこのクラスで合唱コンクールの金賞を取ってみんなと一緒に記念写真を撮ることです！」と語ります。

　また，合唱曲を決める時期（６月下旬）を逆算して，その１か月前くらいから，生徒とのおしゃべりや全体へ話すときに，合唱コンクールを話題に何度も話します。

　歌の上手な生徒には「音楽の先生が，『○○の歌が学年で一番きれいに音がとれている』って言ってたよ。今年は○○にパートリーダーをやってもらおうかな」などと話したり，授業の音読で「ここで声が出ないようでは，金賞は難しいかな」などと言葉かけしたりするほどです。

　手を変え品を変え，生徒たちに意識付けをしていくことで，生徒たちも，時期が迫ってくるとだんだん気持ちが合唱コンクールに向かっていきます。しかも，他のクラスよりも一歩先んじて雰囲気を創ることができます。自分の思い入れがある行事には，このくらいの周到さは必要ではないでしょうか。

学校の中心として，伝統のバトンを受け取る

> [キーワード] 最上級学年への意識付け　定期診断
> 最上級学年の3年生が受験へ向かうため，学校内の活動の中心がすべて2年生に任される時期です。この時期から生徒たちに最上級学年へ向かう意識をさせます。

1 最上級学年への意識付けをさせる

　2学期の後半，上級生である3年生が本格的に受験に向かう時期です。夏休みの部活動に引き続き，生徒会活動も2年生が中心となります。3年生が卒業したわけではありませんが，実質，学校の中心となるのです。

　そこで，半年後の「最上級学年」に向けて，この時期から自覚をもたせる指導を始めることが必要です。

◆ 日常システムの変更

　4月からの日常生活の進行システムを少し変更します。

　日直が進行する朝と帰りの学活の内容を変更し，生活班のチームミーティングを行うことにしました。

(1) 朝の会

・ねらい
　全体ではなかなか把握できないクラスの友だちの体調や様子を互いに知り合ったり，生活班ごとにその日の生活目標を決めたりしていきます。

朝の会でクラス全員が発言することを通して，生活を共に過ごす友だちに意識を向け，一体感を高めます。
　そして，目標達成を通して課題解決集団の形成を目指していきます。
・進め方
①　朝の挨拶の後，日直の「各班で，チームミーティングを始めて下さい」を合図に体の向きを変えて，全員の顔が見える輪のような形で行います。
②　司会によるチームミーティング
【司会マニュアルの例】
司会　「これから，〇月〇日朝のチームミーティングを始めます」
司会　「まずは朝の健康観察です。（司会から）〇〇さん，おはようございます」
司会　「今日の体調はどうですか？」
指名された人　「はい。今日の体調は〜です。◇◇さん，おはようございます」→全員が終わるまで続けて下さい。
※この日の司会者が，班ノートの記入者です。
司会　「次に今日の目標を決めます。昨日の反省を踏まえて考えましょう」→話し合って，その日の目標をきっちりと決めましょう。
※和気あいあいとした雰囲気で決めましょう‼ 合い言葉は「いいね！いいね！」
司会　「（目標が決まったら）今日の目標は◎◎◎◎です。みんなでしっかりと守りましょう。今日も1日よろしくお願いします」
全員　「よろしくお願いします」
→時間が余ったら，終わるまでおしゃべりをしていましょう。
※タイマーが鳴るまで，黙ってはいけません。
・アレンジ
　健康観察や今日の目標設定以外に，グループ内で会話量が偏らないよ

うな話題を用意しておき，それについてフリートークをしてもよいでしょう。【例】・昨日の放課後の出来事　　・最近ハマっていること　など

① 雰囲気づくりのポイント
a．チームミーティングに向かうウォーミングアップ
　朝の会は生徒たちもなかなかエンジンがかかっていないことが多いものです。そこで，イスごと体を全員で向き合わせ，互いの顔が正面に向き合うようにします。「朝はお互いにエンジンがかかりづらいですから，互いに体ごと向き合って自分以外の人の頭のてっぺんから，足の先まで見合いましょう。自分の班の友だちはどんな様子ですか」などと声をかけます。互いをじっくり見ることで，はにかんだり，クスッと笑ったりと雰囲気が和らぎます。
b．チームミーティング中
　話がなかなか盛り上がらない班には，こっそりと行って空いている席に座ったり，自分でイスを持ってきたりしてチームミーティングに加わります。そして，声かけをしたり，生徒の話にオーバーなリアクションをとったりして，雰囲気を温めつつ，最後は空気のようにその場を去ります。

② 評価のポイント
　基本的に，チームミーティング中は，担任はその様子を全体から俯瞰して観察します。目的にもよりますが，評価の観点は，①全員の会話量が一定程度あるか（極端に多く話していたり，全く話をしていなかったりする生徒はいないか），②和やかな雰囲気で行われているか，などをチェックします。
　この活動の取り組みがしっかりとできている班には，その後の教師の話の中で，取り組みのよさを認めていきます。特に朝はなかなか雰囲気が盛り上がらないので，全体には朝から話が盛り上がっている班を中心に認めるとよいでしょう。また，個人的に積極的に話をしていたり，聞き方のよかったりした生徒（うなずきながら聞いている，相槌を打ちながら聞いているなど）には個別に声かけをします。
　また，班ごとの生活目標設定について，その目標が，①具体的で，自分た

ちで最後に評価ができる目標であるか，②班全員の達成するべき目標になっているか，③全員がその日の努力で達成でき得る目標であるか，などをチェックします。これらが不十分な場合には，休み時間などを用いて，目標の再設定を行います。あくまで，目標達成を通して課題解決集団を目指していく活動であるので，教師は生徒の目標とその目標達成への姿に注目していくとよいでしょう。

(2) 帰りの会

・ねらい

　朝の会で行ったチームミーティングを受けて行う，帰りの会における振り返り活動です。朝立てた目標がどれだけ達成できたか，その日1日の中で同じ班の友だちでがんばった人などをミーティング形式で認め合っていきます。その日の生活目標を達成できたことをみんなで喜んだり，できなかったことを課題として出し合ったりすることで，翌日に向けての課題とその達成に対する意欲を醸成するとともに，目標達成を通して課題解決集団の形成を目指していきます。

・進め方

① 全体で連絡などを含めた帰りの会の後，日直の「各班で，チームミーティングを始めて下さい」の合図で体の向きを変えて，全員の顔が見える輪のような形で行います。

② 司会によるチームミーティング

【司会マニュアル例】

司会 「これから，〇月〇日帰りのチームミーティングを始めます」

司会 「今日1日の振り返りです。今日の目標はきちんと守ることはできましたか。今日1日を振り返ってできた（できなかった）ことは何ですか」

※全員に意見を求めて，全員がしゃべるようにして下さい。

司会 「今日の『HomeHome Time (ホメホメタイム)』です。今日の生活でがんばっていた人，いいことをした人を出し合いましょう」

※全員に意見を求めて，全員がしゃべるようにして下さい。

○司会による『今日の総括（そうかつ）＝まとめ』

「今日の総括です。今日は…」

　以下は先生が考えた例です。この通りに言う必要はないです。自分の言葉で話しましょう。

> 【例】「今日は，全員がとてもよくがんばっていたと思います。しかし，まだ時間を守ることができていない人がいます。明日から全員が時間を守れるようにしていきましょう」

司会 「これで，今日のチームミーティングを終わりにします。今日1日，ありがとうございました」

※時間が余ったら，全員でおしゃべりをしていましょう！

① 雰囲気づくりのポイント

　帰りの会の一部にシステムとして組み込まれている活動ですので，決めた活動時間は毎日きちんと確保することが必要です。話し合いそのものが時間いっぱいかからずに終わっても，その後はおしゃべりの時間として使ってよいことにしておくと，生徒たちも時間いっぱいまでワイワイガヤガヤと活動することができるでしょう。

　教師は生徒たちの活動の様子を見守ることが大切です。この活動に慣れていないときには，小グループに入っていっても構いませんが，生徒たちに「任せて見守る」ポイントをもっておきましょう。この活動の目的は「自ら課題を解決する集団を育成すること」にありますから，そこを目指してステップアップさせていけるとよいと思います。また，そのことをあらかじめ伝えておくと，任された側も意欲的に取り組むことでしょう。

② 評価のポイント

　朝の会と同様に，活動を始めて間もないときには教師の意図する適切な行動（積極的に話をしようとする，友だちの話をよい姿勢や態度で聞こうとしている，など）は活動後に全員の前で認めていくことで，さらなる意欲付けにつなげていきます。何度も言いますが，この活動の目的は「自ら課題を解決していく集団」に育てていくことですから，徐々に評価言も週の最後にまとめて話すなどといった方向にしていくことが必要でしょう。

　この活動は生活班が個々に短学活を始めるので，担任が全体を把握できるように，各班に「ライフノート」と称したノートを渡し，その日の司会に記入させるようにします。司会は日替わりの輪番制なので，全員が記入することになります。

　私は「自分たちの日常生活を自ら振り返り，修正・改善策を考え行動に移すことができる生徒」の育成を学級のゴール像としています。そこに向かうために，生徒同士に少しずつ日常生活のイニシアチブを委譲していきます。

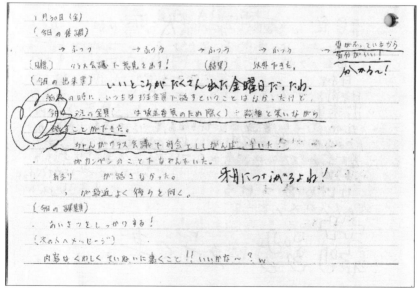

「ライフノート」の一例。班の友だちの様子や日々の出来事を書き込みます

2 学級の状態の中間評価

(1) 学級担任の中間評価，全員で盛り上げる生徒会選挙

　事実上の最上級学年として，生徒会活動中心となる２年生後半。生徒会役員選挙がその最初になります。生徒会役員は，学校の中心的役職です。

　学級でも立候補してくれる生徒を募ります。私は何人の生徒が出てきてくれるかに担任の学級づくりの中間評価があると考えています。

　思春期の真っただ中にいる生徒たちは周囲の反応を必要以上に気にします。

　生徒会役員に立候補することは，周囲の反応を目の当たりにすることです。それでも立候補をしてくれるのは，生徒の主体的な態度が育っていると判断できます。関わりの縦糸の中間評価と言い換えることもできます。

　ですから，立候補者が多いほど学級づくりが肯定的に捉えられていると判断できます。

　立候補者が出たら，主体性と積極性に敬意を表し，学級全体で応援していきます。このとき，立候補者に協力する生徒がどのくらいいるか，学級全体で応援ができるかどうかは，横糸の中間評価の一指標であるとみなすことができます。

(2) 学級目標の個人，集団評価

　関わりの横糸を１学期に用いた方法で中間評価をしていきます。

　１学期は評価をすることが主となりますが，２学期は学級全体の結果から，残りの半年で自分たちはどこを目指すのか，もっと成長していくためにはどんなことを変えていけばいいのかなどを話し合います。話し合ったことをもとに行動改善を図り，さらに，話し合っていくサイクルをシステムとして構築していきます。

(3) クラスをよりよく高め合う話し合い活動

学級のゴール像を具現化するために、話し合い活動は必要不可欠です。

私は赤坂先生の「クラス会議」実践を参考に、以下の流れで行いました。

① 机を下げて輪をつくる
② クラス目標を音読する
③ 4人組をつくり、小グループで「いい気分 感謝 ほめ言葉」を行う
④ 前回の解決策の振り返り
⑤ 議題の決定
⑥ 解決策の選定方法の決定（提案者または全員）
⑦ 課題に対する個人の解決策を考える
⑧ 小グループによる話し合い
⑨ 全体での話し合い
⑩ 解決策の決定と決まったことの発表
⑪ 今日の会議の振り返り
⑫ 司会からの今日の会議の感想
⑬ 先生の話

従来のクラス会議と違う点は、議題が出された後に4人1組になり、グループ収束を行ってから全体の話し合いに入るようにしていることです。

そこには2つのねらいがあります。

1つ目は、全員が手軽に議題についての意見や考えを話せることです。

従来のクラス会議では、円形の隊形から輪番で全員の発言を促します。しかし、その方法は時間がかかり、意見が言えない生徒が出ることがあります。それを解消するために、4人1組の小集団合意形成を行います。

2つ目は、学級内の人間関係を意図的に混ぜられるということです。4人組は、初めの円形からその日のグループ数を順番にコールし、同じ番号の生徒同士で組みます。生徒の組み合わせをランダムに混ぜることができるので交流に多様性が生まれます。

(4) 話し合い活動の留意点〜話し合いの方法をきちんと指導する〜

　私が話し合いを学級づくりの核として実践する理由は、生徒に「自らの生活を自らの力で切り拓く力」を身につけさせるためです。そこで、話し合いでは、より円滑で、深いものにするための指導を行います。

　まず、教師は話し合いの様子を俯瞰して観察することを意識します。観点は、生徒の話し合いの様子だけでなく、話し合いの質にも置いています。

　教師は、話し合いがどのように進んでいるかを的確に把握すること、学級集団に必要な技術や態度を常に注意深く観察し、考えることが必要です。

　その日の話し合いを観察して、必要なことの指導は最後の「先生の話」で、具体的に取り上げて生徒たちに伝えます。

　例えば、議題提案者の議題が漠然としすぎていて、話し合う側の論点が定まらないことがあったら、議題を「どのようにすれば……」に書き換えて意見が出やすくするなどといった指導をしていくとよいでしょう。

　このような話し合いは、毎週定期的にも行うことができると、より生徒の主体性を育むことができるでしょう。

コラム 交流中の教師の立場は？

　2年生中盤になると，生徒は小集団交流を主とした授業形態にも慣れ，抵抗なく活動できるようになっていることでしょう。

　さて，交流活動中に教師はいったいどういう立ち位置で生徒の様子を観察すればよいのでしょうか。

　一斉指導の教師の立ち位置をプレイヤーに例えると，授業内に部分的に小集団交流を入れる教師をプレイングマネージャー，そして，課題設定のみ行い，生徒の交流中心の授業を行う教師の立ち位置をマネージャーと捉えることができます。

　授業外でも同じことが言えますが，生徒の活動で教師がどのような立場に立つかによって生徒の主体性の育ちは規定されていきます。

　大切なことは，教師が，どのような立場で生徒の活動をコントロールするのかに意識的であることです。また，そのレベルも集団の発達とともに上げていくこと，つまり，教師が目立った関わりを少なくし，生徒が主体的に関わる授業形態を増やしていくということです。

　ただ，指導事項によっては，マネージャーがプレイングマネージャーに戻ったり，プレイングマネージャーがプレイヤーに戻ったりすることもあるでしょう。

　立場を行ったり来たりさせながら，最終的には生徒に活動の大半を委譲し，教師はマネージャーとして様子を見守っていけるように，生徒を育てていく必要があります。

　中学2年生ですから，一筋縄ではいきません。理想としている姿と現在の姿が重なっていくイメージがもてなくて悩むことも多いでしょう。

　ですが，生徒の力を信じ，場を与え，認めていく姿勢が必要です。

　有名な山本五十六の言葉に，

> 「やってみせ，言って聞かせて，させてみせ，ほめてやらねば，人は動かじ。
> 　話し合い，耳を傾け，承認し，任せてやらねば，人は育たず。
> 　やっている，姿を感謝で見守って，信頼せねば，人は実らず」

というものがあります。
　私たち教師の生徒への向き合い方を端的に言い表した言葉だなと私は感じます。
　私たち教師は，この言葉をどうやって具現化していくことができるかを日々考え，指導に当たっていかなければいけないなと自戒を込めて考える言葉です。

学年の集大成に向けて、リフレッシュと準備を

キーワード 振り返りと準備
担任する学級もあと3か月で終わりを迎えます。ここまでのリフレッシュをしながら、学年の締めくくりを意識した生活を送りましょう。

2年生の生活も残すところあと3か月。いよいよ学年の締めくくりの時期が目前です。

3学期はとにかく忙しくあっという間に時が過ぎ去ってしまいます。だからこそ、時間にゆとりがある冬休みに2学期を振り返り、成果と課題を洗い出し、3学期の具体的な指導計画を立てておきましょう。

2学期の振り返りと3学期の準備は以下の通りです。

① 学級診断テストの分析（集団の状態と支援が必要な生徒の把握）
② 2年生が中心となる行事の準備
③ 学級の生活や授業の様子を把握、てこ入れが必要な事柄への対策
④ 次年度へつなげるべきこととリセットすることの選り分け

(1) 学級診断テストの分析（集団の状態と支援が必要な生徒の把握）

2学期の最後に、1学期と同様に学級診断テストを行っておきます。2学期の取り組みによって、1学期とどのように変化したか、3学期に支援の必要な生徒がいるかどうかを分析、把握しておきます。

思春期の2年生ですから、教師の力だけでは支援が難しいこともあります。ですから、教師に協力してくれる生徒の見当も付けておくとよいでしょう。

(2) 2年生が中心となる行事の準備

卒業を迎える3年生を送り出す3送会。そのための準備を冬休みのうちに行っておきます。特活部担当の教師と打ち合わせも行っておきます。

私の学校では，それ以外に，2年生最大の儀式的行事である「立志式」を行います。立志式はぜひ紹介したい行事なので，詳細を後述します。また，立志式の準備も冬休み中に行っておきます。

(3) 学級の生活や授業の様子を把握，てこ入れが必要な事柄への対策

(1)と重なりますが，生徒の日々の様子を副担任や教科担任に確認します。特に，担任が把握しきれていない生徒の様子を集めることを意識しましょう。

把握できたら，テコ入れ（指導）が必要な事柄の具体的な指導を構想しておきましょう。

特に，学習規律や日常生活上のルール，システムの乱れが見られるようなら，即座に軌道修正が必要です。

学習規律や学習システムは3年生に引き継がれるものもあります。2年生で乱れたままにしておくと，次年度の担任に影響が及ぶことが考えられます。早急に対応するようにしましょう。

また，人間関係に指導が必要な場合には，全体が楽しく盛り上がることを企画してもよいでしょう。

生徒は楽しいことが大好きです。忙しさの中で，日常に余裕がなくなると，縦糸も横糸も緩み，全体がぎすぎすしてしまいます。3学期の忙しい時間の中にも豊かな活動を入れることを忘れないようにしましょう。

(4) 次年度へつなげるべきこととリセットすることの選り分け

3か月後の学級解体に向けて，残すべき指導事項とリセットするべき指導事項を選り分けておきます。3学期の学級は担任個々の色が生徒の生活に色濃く反映されています。次年度の担任が誰になっても「やりづらい」ということがないように，3学期中に担任の色を「抜く」ことを意識する必要があ

ります。担任の手が放れると言い換えてもいいでしょう。生徒たちがしっかりと育って，この状態を迎えられたら理想的ですが，うまくいかないこともたくさんあります。ですから，意図的に担任が手を放すことも想定しておきましょう。ただし，手を放すことは，「見放すこと」と同義ではありません。教師が前に立たなくても，生徒だけが動けるように，教師主導で生徒に教え，後に任せていくことを意味しています。

　3学期の終わりを具体的にイメージしたとき，どのようなことがあっても最後は

立つ鳥跡を濁さず

にすることはとても大切です。

　嬉しいことも苦しいことも起こるのが担任の仕事です。特に2年生という時期の難しさは，他学年以上に感じることが多いでしょう。

　ですから，残りの時間をどのように過ごすかをイメージしながら，教師も生徒も「あぁ，楽しいクラスだったな」という思いになって次のステージへつないでいけるような内容を考えましょう。

　また，冬休みは，生徒へ「年賀状（寒中見舞い）」を出すことは忘れずにやっておきましょう。休み中にできる縦糸紡ぎは欠かさないことが大切です。

最上級学年を見据えた集大成を

キーワード 自覚　立志式
最上級学年へ向けて，大人へ向けてシフトチェンジを図る時期になりました。この時期にとっておきの行事を紹介します。

「中だるみ」の2年生も，さまざまなことを乗り越えながら，生徒なりに一歩ずつ，着実に「大人」に向かって成長を続けてきました。

残り3か月。生徒には子どもと大人の中間のあやふやな時期から「大人」の成長過程へ向かうシフトチェンジを図ることが大切になります。

最上級学年を迎えるまでの時間がたくさん残されているわけではありません。ですから，成長のために必要な焦点を絞り，「1点突破」を意識していけるとよいでしょう。

成長のための1点とはずばり「自覚」です。大人へ向かう「自覚」をどう育てていくかです。

この1点が，4月からの新しいステージへの礎になります。

学年行事の成功を学年のゴールの姿に
～学年行事「立志式」～

3学期の行事は，生徒の自覚を育てるために非常に有効です。

前述の学年行事「立志式」の取り組みを通して，生徒の自覚を育てていく過程を示していきます。

この行事は，私の学校では1年生の入学式，3年生の卒業式と並び，「三大儀式」と呼ばれる重要な儀式的行事の1つに位置付けられています。

1 概要

　「立志式」とは，「元服にちなんで，数え年の15歳を祝う行事。参加者は，将来の決意や目標などを明らかにすることで，大人になる自覚を深める」ことを目的に行われる行事です[21]。つまり，現在の成人式と同じ行事だと言えます。また，元服は立春に行われていたことから，立春に近い1日を実施日にします。私の学校では，立春に近い1月の最終週に行いました。

2 実施のねらいとインストラクション

　立志式は，元服（成人）を迎えるにあたって「立志の誓い」を立て，多くの方の前で表明することを通して，大人としての自覚をもったり，節度ある行動をとったりする態度を養うことがねらいです。
　そのために生徒一人ひとりに自己を見つめさせたり，将来の夢や目標を方向付けたりします。
　実施のねらいは，生徒全員が知っておかなければいけないことなので，学年集会を開き，昨年度の映像を見せながら立志式の意味や由来，行事へ臨む態度を話します。
　インストラクションは，教師のこの行事に向かう「覚悟」を話すことになります。生徒に本気で行事を取り組ませたいと考えたとき，教師の本気を見せることが大切です。

3 全員でつくる

　立志式は学校の三大儀式に位置付けられる一大行事です。ですから，その成功を目標に学年全員で行事をつくるように指導します。
　活動の様子は生徒一人ひとりがクリアできているかを学年団でチェックし，その様子を評価します。
　それを繰り返し，全員の参加意欲や態度を向上させるとともに，本番に最大のパフォーマンスが披露できるように練習を積み重ねます。

4 大人へ向けての自覚と責任

　立志式は，行事の成功だけではなく，行事を通して生徒の大人としての自覚を養い，責任ある行動を促していくことが目的になります。ですから，大人としての自覚が生徒の行動となって表れているかがポイントです。教師主導で指導しないと行事の練習ができないなどというのでは意味がありません。

　教師の出る場面が少なくなること，教師が出ていかなくても互いに行動に気をつけたり，注意し合ったりするなど主体的な行動が，学級の枠を越えて学年でも出るように雰囲気づくりをしていきます。

5 立志式本番直前，そして本番の様子

　立志式は，近くのホールを半日借り切って盛大に行います。来賓には教育長が直々に出席されることも決まっていました。

　立志式前日，会場で学年全員による式の段取りを予行練習していたときのことです。生徒たちは普段との雰囲気の違いに緊張していたのか，返事の声や合唱の声が小さかったのです。

　そこに，様子を見ていた教頭先生が「ここに来る来賓のみなさんに，君たちが大人としてどのような姿を見せるか，自分たちの『姿』をしっかり見せる式にしなさい。教頭先生は大人になったみなさんに，これからの地域を任せたいと本気で考えている。明日，来て下さる来賓の方々，そして，保護者の方々は，みなさんの大人としての覚悟を，歌や返事，姿勢や態度から感じ取る。中学2年生の若々しい，未来に輝く大いなる力を見せてほしい！頼んだぞ‼」と叱咤激励をしてくれました。生徒たちもその言葉に奮起し，本番当日は厳かな雰囲気の中，それぞれが自分の立志を力強く宣言し，中学生の力を感じ取ることができた式となりました。

　以上，学年行事を例に紹介しましたが，立志式をすべての学校で行っているわけではありませんので，学級単位で「立志プロジェクト」などと銘打って行うとよいでしょう。この行事を通して，生徒は成長を遂げるはずです。

最上級学年を前に……

2月。特に，この時期，生徒の様子が落ち着かなかったり，教師と生徒，生徒と生徒の人間関係がよくなかったりすることがあります。

どうしてこういうことが起こるのでしょうか。自戒を込めて振り返ると，おそらく，生徒の次年度を教師が意識しすぎるあまり，生徒にいつも以上に厳しいことを求めてしまいがちになるからではないでしょうか。

もちろん，次の学年を見据えることも大切です。しかし，出会いは一期一会です。同じ学級で，同じ時を過ごしたことを実感できる活動も組み込んでいきましょう。

どのようなことも，バランスが必要です。厳しさと温かさの両方を生徒が実感できる活動を意図的に行いながら，次年度へのバトンゾーンを走らせることが大切です。

2度目に2年生の担任をしたときのことです。この年は2月に雪が降り積もった日が何日かありました。もともと，雪がちらつく地域ですが，しっかりと降り積もることは数年に1回あるかないかというほどです。しかし，その年は膝丈まで雪が積もりました。

生徒は授業中も気もそぞろで窓から外をちらちら見てばかり。本当なら，注意を促してしっかりと授業を受けるようにするところなのですが，私は

「わかった。外に行こう」

と生徒に促して，授業の残り時間を自由時間にしました。

中学生ですから，あまり盛り上がらないのかなと思っていたのですが，私の号令を待たずに，蜘蛛の子を散らしたような勢いで校庭に散っていきました。雪だるまを作る生徒，雪合戦をする生徒，地面に寝転がって人型をつけて楽しむ生徒，坂をそりで滑って楽しむ生徒など，思い思いにやりたいこと

をしながら時を過ごしていました。
　どの生徒も心からの笑顔で，その時間を過ごしていたのがとても印象的でした。
　大人としての自覚を求めてきていた私は，生徒が雪とたわむれてはしゃぐ純粋な心に触れ，何事も「バランス」が大切だなという思いを強くしました。
　そこからは，自覚を育てる指導をしつつも，生徒が素になることができる時間をもつようにしました。
　すると，一生懸命やるときに力を発揮する生徒が多くなったのです。
　ですから，特に２月は教師自身のあり方を見つめて，厳しくなりすぎていないかをチェックするとよいでしょう。

名実ともに学校の中心学年となる自覚をもたせてジャンプさせる

> キーワード　卒業式直後　成長　笑顔
> 学級生活の締めくくりです。生徒たちの育ちと次年度への課題を確認し，成長を実感して笑顔で解散しましょう。

　3月は別れの時期，中学校を一歩前でリードしてくれていた3年生が卒業を迎えます。2学期のうちから部活や生徒会などの実務的なことは受け継いでいますが，3年生が卒業することで，名実ともに学校の「顔」となります。

　いち早く卒業した3年生に代わって2年生が年度最後の10日余りを先頭に立って生活していきます。

　初めから完璧にこなすことはできません。しかし，2月までに培ってきた自覚を元手に学校の顔である覚悟をもたせるようにします。

　学校の顔としての覚悟は，どのようにもたせればいいのでしょうか。

 卒業式にどのようなことを言ってもらいたいかを考え，そこを目指して過ごすことを意識させる

　3年生が卒業した後の10日余りの日々。学校には伝統のバトンを引き継ぎ，次年度のスタートに向けて，気持ちも新たに日常生活を送る生徒たちの姿が見られます。そこで，さらに「自覚」と「覚悟」をもってもらうために，生徒に話をします。

> 　昨日，3年生が晴れて卒業を迎え，新たなステージへと旅立ちました。
> 　皆さんに尋ねます。皆さんは，先輩方の晴れ姿をどんな気持ちで見送りましたか？また，どんな言葉をかけましたか？（※ ここで，生徒何

人かを指名してもよいでしょう）
　昨日，皆さんが先輩方に抱いた思いやかけた言葉を，来年のみなさんは後輩や先生方からかけてもらえるでしょうか。
　まだ1年以上先のことですが，想像して下さい。来年の卒業式，皆さんは後輩や先生方，家族，同級生にどんな言葉をかけてもらいたいですか？少し考えてみて下さい（※数分の個人思考を促します）。
　いろいろな言葉を思い浮かべたことでしょう。
　では，皆さんがこのまま生活していけば，来年の卒業式にその言葉はかけてもらえますか。
　3年生はもう学校にはいません。皆さんが名実ともに学校の「顔」となったのです。○○中学校の伝統のバトンを受け取った皆さんには，この学校の伝統を歴史として積み上げる日々が今日から始まったのです。
　初めから完璧にできる人なんていません。しかし，今日から「やるぞ！」と思ってがんばる人と，ただ何となく日々を過ごしてしまう人とでは，1年後に大きな差となって出てきます。
　ですから，今から学校の顔として振る舞う自覚と覚悟をもって下さい。
　3年生になってから始めるのではありません。「今」から始めるのです。
　皆さんならきっとできます！大丈夫‼先生も皆さんのサポートをします。共に来年に向けてもっと成長していきましょう。
　もう一度尋ねます。あなたは卒業式にどんな言葉をかけてもらいたいですか？

　少し厳しい言葉に見えるかもしれませんが，私は生徒たちに心底「できる」と思うからこそ，これだけの言葉をかけます。
　生徒も真剣な表情で聞いてくれます。そして，生徒たちなりに行動してくれるはずです。少し先の話ですが，卒業式を想起させ，自分たちの姿を投影させること，そして，生徒たちに具体的に卒業式をイメージさせることで，生徒たちに大人としての自覚，最上級学年としての自覚をもたせていきます。

2 バトンゾーンを抜け，3年生へ……

1 根を張った1年間を振り返り，次のステージへ最終助走をする

　生徒とともに過ごした1年間。激動の1年間を振り返ると，生徒の育ちに実感できることもあれば，まだまだ課題があると感じることがあるかもしれません。

　200日以上，共に過ごしたのですから，日々の教室ではよいこともそうでないことも起こっていて当たり前のはずです。

　生徒が教室で，3年生に向けて根を張ってきた1年間を共に振り返り，希望をもって次のスタートが切れるような残りの日々を過ごしていきたいものです。

　そのためには，生徒たちが4月から1年間で成長したことを実感として感じられるように価値付けを行いましょう。特に，この時期は

生徒のできたことに注目する

ことが大切です。できていないことを指摘しても，残りの日々ですぐにできるようになることは期待できません。

　それは，3年生での成長の伸びしろとして次年度につないでおくほうがよいでしょう。

　また，担任の思いと裏腹に学級の生徒とうまくいかず，学級がうまくいかない状態でこの時期を迎えることもあるでしょう。

　担任にとっても，悩み，苦しい日々を送る1年であったという場合もあるかもしれません。

　しかし，どのような思い出があるにせよ，学級の最後は「生徒一人ひとり

自分の成長を実感し，次の1年に希望をもち，明るく，笑顔で学級を解散する」ことが大切です。

特に，学級がうまくいかない状態も，最後まで張りつめていたらお互いによい時間を過ごすことができません。

よほどのことがない限り，最後は笑顔で学級生活が終えることができるように努めましょう。

学級がうまくいかない状態であったとしても，少数でも学級に対して肯定的な見方をしている生徒はいるはずです。

最後は一人でも多くの生徒が前向きになる活動を行いましょう。

うまくいった思い出よりも，うまくいかなかった思い出のほうが担任の心に深く残ります。それは仕方がありません。しかし，次に担任をもったときによき教訓となって活かされるはずです。

うまくいかなかったことも，将来，教師としての力量を高めることができたのであれば，学級を担任できたこと，苦しくても1年間担任として全うできたことに対して生徒たちへ感謝できる日がきっとやって来ます。

ですから，生徒との最後は「来年につながる1年だよ」「3年生になってもきっと大丈夫！」というメッセージとともに送り出してあげましょう。

2　学級解散式

1年の最後は学級解散式を行いましょう。解散式と言っても大がかりな内容を企画してもよいですし，学級レクやゲーム大会などのお楽しみ会のような内容でもよいでしょう。とにかく，最後は生徒と笑顔で終えることができる内容を考えてやってみましょう。

解散式を行う前に，生徒にインストラクションを行いましょう。

教師がどうして時間を生徒にあげるのかをしっかりと説明することで，意図を最後に伝えることができます。

> 1年間，〇組としてよくがんばってきましたね。皆さんと1年間，共

> に過ごすことができたおかげで，互いに助け合ったり，学んだりしながら成長することができましたね。そこには先生自身も含まれています。皆さんと出会えたおかげで，先生も学び，成長することができました。本当にありがとう。
> 　共に高め合うことができたことへの感謝と敬意を込めて，最後に解散式を行いましょう。

　その後は，生徒にどのようなことをして過ごすかを考えるように伝えます。
　ここからは学級の状況にもよりますが，生徒たちに任せられるなら，すべてを生徒たちに任せるといいでしょう。
　教師が入らないといけない場合は，生徒主導で進めながらも生徒の希望に沿う形で教師が支援し，解散式が行えるとよいでしょう。
　どのような学級の状態でも，最後の最後は楽しそうに時間を過ごしてくれます。
　教師も最後は笑顔で過ごすようにしていくとよいでしょう。

第11章 1年間を乗り切るコツ

1年間を乗り切るコツ

> キーワード 心は姿に顕れる　胸中の温氣　教師としてのあり方
> 思春期の中学生と向き合うときに求められること，それは教師の"あり方"です。一番身近に関わる大人の一人として，私なりの向き合い方を紹介します。

　思春期の真っただ中を悩みながら，迷いながら，それでも明日に向かって日々一生懸命生きる中学生。彼らとともに時間を過ごすとき，どのようなことを意識すればよいのでしょうか。

1 丁寧に"聴く"ことで紡ぐ縦糸

　教師と生徒の人間関係を織物の縦糸に例え，縦糸を紡ぐ例を紹介してきました。

　しかし，最も大切な縦糸の紡ぎ方をまだ紹介していませんでした。それは，

生徒の話を"聴く"

ことです。

　これがすべてだと言っても過言ではないほど大切なことです。私たち教師は，生徒と同じく日々時間に追われて生活しています。

　仕事術に精通している方は違いますが，ほとんどの人が多くの仕事を前に勤務時間を超えてまで仕事をしている方がほとんどでしょう。

　しかし，忙しさに目を奪われすぎてしまうと，一番大切な生徒の微妙な心情の機微を見逃してしまいます。

　ですから，生徒の話を「聴く」ことを意識しましょう。注意したいのは，「聞く」のではなく，「聴く」のです。

　辞書を引くと，意味の違いがわかります。

「聞く」という言葉は，意識しないでただ耳に入ってくる音を受け入れるという場合に用います。一方，「聴く」は，積極的に意識して音に耳を傾ける場合に用います。

年度初めの学活で「話の聴き方」の授業をよく行います。授業のまとめで，話を聴くとは

> 耳とへそ（体）と目と心で人の言葉を受け止めること

であると伝えます。

つまり，人の話を聴くときには，五感や身体，自分のすべてを使って，相手の言葉を受け止めなければいけないのです。特に思春期の，心が揺れている年頃の生徒にはその姿勢がとても大切です。

では，現在，担任している生徒に対しての話の聴き方を振り返ってみましょう。日々多くの日常業務に追われ，何かをしながら片手間で聞こうとしていませんか。

自戒を込めて書きます。生徒は教師の話を聴く姿をつぶさに見ています。その姿から，話を聴いてくれる相手であるかどうかを判断しています。もし，聴いてくれないと判断されてしまった場合，生徒は教師に対して自分の思いを一切話さなくなってしまいます。

忙しいこともわかります。しかし，日常の業務は取り返しがつくものがあります。しかし，教師と生徒の心的距離，つまり縦糸は，一度ほどけてしまうともう一度紡ぐのは非常に難しくなります。

ですから，生徒の話を聴くときは，自分の仕事の手を止め，生徒に体を向け，その声を，言葉をすべてで受け止めましょう。

話を聴くという行為は

> 私はあなたの味方である

ことの具体的な意思表示であると考えます。

それが生徒に伝われば縦糸はしっかりと紡がれていきます。

2 本音のぶつかり合いから目を背けない

　多くの生徒が共に過ごす教室では，生徒同士のトラブルはつきものです。特に多いのは行事のときで，互いの思いのすれ違いから起こるものです。

　しかし，生徒の多くは自分の思いを相手に伝えることをせずに，その場だけが険悪になっていることがあります。

　そうなった場合，皆さんならどうしますか。

　本人に確認しても話をしてくれる生徒とそうでない生徒がいます。ですから，まずは周辺にいた生徒から話を聴きます。その後，本人たちにも話を聴きます。

　互いの思いをすべて聴いた後に，どうやって乗り越えていくかを考えます。他の生徒にも共有できる内容であれば，共有して学級での話し合いで解決を図ります。共有できないのであれば，教師の仲介のもと当事者間で意見のすれ違いが解消するようにしていきます。

　私が伝えたいことはトラブル対処法ではなく，

> **生徒の本音から目を背けない**

ということです。

　生徒の本音は，一時的に学級に緊張を生むことになりますが，乗り越えることができると学級のつながりが深まっていくことができるからです。

　チームビルディングでは，集団を「トランスフォーミング」の状態に近づけていくためには「ストーミング（混乱期）」の時期を乗り越えることの必要性を指摘しています。

　「仲間の間での意見の衝突を恐れない。意見をぶつけ合うことから新しい価値が生まれることを知っている」という言葉があるくらいです。

　ですから，学級づくりにおいても生徒の本音からは目を背けず，共に乗り越えていきたいですね。

3 担任は生徒の味方であると感じさせる

担任と生徒との間に紡ぐ縦糸。その縦糸はすべて

担任はどんなことがあっても，生徒の味方である

ことの表れであると私は考えています。

　嬉しいときには共に喜び，悲しいときにはそばにいて，間違ったことをしたときには本気で叱る……。生徒の感情に寄り添い，共有し，ときには厳しく叱咤する。まるで，親が子に対してもつ思いに近いと言えるでしょう。

　生徒にとって教室は"素"を出せる場所であってほしいと考えています。わがままとは違いますが，教室にいるとホッとできる。そのような空間を創りたいと思っています。

　生徒の気持ちが安定しているときは，教室を安全基地にして，もっとさまざまな関わりをもっていけばいいし，しんどいときには，戻ってきて動き出せるようになるまでじっとしていればよいと考えています。どの状態の生徒も，担任は陰ながら見守っていることで，生徒一人ひとりの様子を把握することができていればいいのではないでしょうか。

　生徒との関係において，多くの生徒が

担任をよりどころにしてくれる

人間でありたいなと考えています。

　もちろん，生徒に迎合するのではありません。今の中学生はむしろ迎合するほうが敬遠されます。

　また，担任のもとに縛りつけておくことでもありません。

　このような心情の機微が学級づくりには必要不可欠なのです。

4 凡事徹底～当たり前の積み重ねが確実な"力"となる～

　皆さんの学級の「当たり前」とは何ですか。
　友だちに親切にしてあげられること、元気よく挨拶ができることなど、挙げようと思えばきりがないくらい挙げることができると思います。
　では、その当たり前のことは学級の全員が毎日やり続けていますか。意識的にやっていることを無意識のレベルまで高めることができていますか。
　「凡事徹底」という言葉があります。「何でもないような当たり前のことを徹底的に行うこと、または、当たり前のことを極めて他人の追随を許さないこと」を意味しています。
　生徒に身につけさせたいことは、とにかく徹底的に「継続する」ことが大切です。私が生徒に示したことは

> 時を守り、場を清め、礼を正す

ことでした。具体的には

> 時を守る　……始業時間数分前には必ず着席しておく（タイム着席）。
> 場を清める……掃除を一生懸命やる。
> 礼を正す　……自分から爽やかに、にこやかに挨拶をする。

ということです。
　生徒には4月に示し、指導を徹底して行うと宣言しました。例外はありません。どんなことがあってもやらせ続けます。数回やらせるだけなら難しいものではありません。しかし、1年間毎日「継続」してやり切るとなると、急に難しいものに変化します。しかも、相手は「中だるみ」の2年生です。やらせるからには相応の「覚悟」が必要です。それでも、これだけは外せないというものは徹底的に続けさせましょう。大変ですが、凡事は徹底して積み重ねることで"力"となります。
　また、生徒に「凡事徹底」を求めるからには、担任自身もやりましょう。

5 徹底した教室環境の整備，毎日の黒板メッセージ

　私は担任をするにあたって，決めたことを１年間やり続けることを課しています。２度目の２年生のときは，

> 教室環境の整備
> 毎日の黒板メッセージ

を自身に課しました。

(1) 教室環境の整備

　授業でさまざまな学級に入ります。黒板の前に立ち，生徒の表情を見ようとすると，生徒のカバンが入っているロッカーの上に目がいきます。

　生徒の私物が散乱している学級，きれいに整頓されていて私物が置かれていない学級など，見える景色は学級ごとに違います。

　私は，自分の学級に授業に来ていただく先生には「このクラスはいいな」と思ってもらいたいと考えています。ですから，教室内の環境整備には人一倍気を遣います。

　教室環境をきれいに保つコツは，生徒が登校したときに整然とした状態の教室にしておくことです。

　つまり，放課後に教師が教室をきれいにするのです。生徒（日直）にも最後の教室整備をやってもらいます。それでも，１日の最後は教師がきれいにします。

　皆さんは，「割れ窓理論」はご存知ですか。１枚の割られた窓ガラスをそのままにしていると，さらに割られる窓ガラスが増え，いずれ街全体が荒廃してしまうという，アメリカの犯罪学者ジョージ・ケリング博士が提唱した理論です。かつて，犯罪多発都市ニューヨーク市で1994年以降，当時のジュリアーニ市長が，この「割れ窓理論」を実践し，割れ窓の修理や落書きなど軽微な犯罪の取締りを強化した結果，犯罪が大幅に減少したというものです。

窓が割れた建物が与えるメッセージがあるのならば，きれいな教室が発するメッセージもあるはずです。

　教室をきれいに保っておくと，生徒も散らかそうとはしません。ですから，学級ではロッカーの上に私物が放置されることはありません。私物が置かれていないので，厳しく指導することもありません。

　ある日，私物の本の学級文庫置き場を生徒が整頓してくれました。放課後に見つけ，嬉しくなったので，写真とともに学級通信に載せて紹介しました。発行以降，学級文庫の本を利用しても，全員で整頓された状態を保つようになりました。環境が発するメッセージはかなりの効果があると考えます。

　教室環境の整備は私の学級づくりには欠かせない意識なのです。

(2) 黒板メッセージ

　毎朝の生徒の登校に合わせて，黒板メッセージを書いておきます。生徒の前日のがんばりや課題への叱咤を含めて，日々感じたことを子どもたちに黒板から語りかけます。

　中学校に異動して一番感じたのは「生徒に自分の思いを伝えたり，生徒と関わったりする時間が小学校に比べて圧倒的に少ない」ということでした。

　しかし，生徒に伝えたいこともたくさんあり，どうすれば伝えることができるのだろうと悩んだ末にたどり着いた実践です。

　それから，毎日書き続けています。

黒板に名前を挙げて，子どものクラスへの所属感などを育んでいきます

信頼関係が築けたら，ちょっと指導が必要なことも名指しにできます

他学年の先生にほめてもらったことも，黒板に書くと効果アップ!!

生徒同士のメッセージボードとして使うと，横糸が紡げます

学習への意欲喚起にも使います

6 胸中の温氣(きょうちゅうのうんき)

　この言葉は初めて中学校に赴任した年から2年間，学年を組んでいた主任の先生から頂いた言葉です。

　その語源は二宮尊徳に由来します。

> 　大道（教え）は水のようなものであるが，書物のそれは氷になり，硬くなる。硬くなると，そのままでは，世の中には役立たないものとなる。
> 　氷になった大道を世のため，人のために伝えるには，その人のもつ温氣（熱い心）で溶かすことが必要である。熱い心をもたずに，教えを溶かしもしないで，使おうとするのは，愚かなことである。

　人に自分の思いを伝えたいのなら，口先ではなく，自らの熱い志からきた思いのこもった言葉を用いることの大切さを説いたものであるとされています。

　「伝わる言葉」を使う人は，いつも胸中に温氣をもった人です。

　初めて中学生を担任したときに，私の言葉より主任の言葉のほうが生徒に響いているような気がしていつも悩んでいました。

　今思うと，主任の先生と私とでは胸中の温氣が全く違っていたのだなと思います。

　生徒との関わりにおいて，胸中に熱い思いをもった言葉や指導は生徒の心に響き，大きな影響を与える可能性があります。

　思春期の生徒に関わる教師として，これからの社会に生きる生徒たちに向き合う姿勢として忘れずにもち続けている言葉です。

7 生徒に求める姿を教師が見せる

　教師として，生徒たちに多くのことを求め，指導していきます。
　その目的は，生徒を「一人の良識ある市民として育てる」ことです。
　しかし，求めるだけでは，生徒は教師の思っているようには育っていかないものです。
　求めるからには教師本人もその姿を見せなければいけないと私は考えます。生徒に「学びなさい」と言うのであれば，教師が学ぶ姿を率先して見せるべきですし，「人の話を聴きなさい」と言うのであれば，教師が率先して生徒の話に耳を傾けなければいけません。
　つまり，求める姿を生徒に「姿で示す」ことが，思春期真っただ中の生徒に対する教師の姿勢であると考えます。

第12章 学級集団づくりチェックポイント20
～チームに育てるための定期点検リスト～

> 学級集団づくりは、そのねらいも評価も曖昧です。だからこそ、「知らず知らず崩れていた」などということが起こります。学級集団がねらうところに向かって育っているかを「定期的」に「共通の指標」で「振り返り」をしましょう。学級集団づくりの成功のためには、定期点検は欠かせません。

1 学級集団づくりにも定期点検を

　生徒たちの学習に関する成果は、定期テストや各種学力調査によって定期的に確認されます。しかし、学力向上の基盤は学級集団づくりだと言われながら、その学級集団づくりについては、何がどれくらいできているかの明確なモノサシがなく、また、それに基づく定期的な確認もなされていません。

　学級が通常に機能していれば、学習面での遅れは、取り戻すことは可能です。学級が機能していたら、教師の投げかけや各種教育技術を起動させることが可能だからです。

　しかし、学級が機能していない場合は、一つ一つの教育活動の遂行が困難になりますから、カリキュラム運営上、かなり厳しい状況に置かれることになるでしょう。つまり、

> 学習の遅れは後で取り戻せる。しかし、学級集団づくりの遅れは取り戻すことが極めて困難である

と言わざるを得ません。

　これまでの学級集団づくりに対する主張に基づき、学級集団づくりが効果的になされているかを点検するチェックリストを作成しました。これを本書で示す5期に分けてチェックしてみて下さい。

2 学級集団づくりチェックリスト

ゴールイメージ

☐ **1 学級集団づくりのゴールイメージがある**

　生徒たちと別れるときの学級のゴールイメージがありますか。生徒たちと自分はどんな関係で，生徒たちはどんなことができるようになっていて，学級はどんな雰囲気なのでしょうか。理想の学級の姿がありありとイメージできますか。また，それが言語化できますか。

☐ **2 本気でそのゴールイメージを実現したいと思っている**

　生徒たちの行動が変わるのは，「日常指導の積み重ね」によってです。「継続なくして成果なし」です。学級集団づくりは，「やり方」レベルの働きかけよりも，「あり方」レベルの働きかけが重要となってきます。生徒たちの望ましい行動に対する，教師の表情やちょっとした声かけなどを通じた継続的な働きかけが起こってくるためには，教師の本気が必要になってきます。心から湧き立つような願いがないと，そうした指導が生まれてこないのです。

☐ **3 ゴールイメージを生徒たちに何らかの方法で伝えている**

　成果を上げるリーダーは，ゴールイメージをメンバーと共有しています。日常的に，生徒たちにゴールイメージを伝え，そこに照らして望ましい行動をほめ，喜び，その逆の場合には，指摘したり，修正を指示したりします。そのためには，ゴールイメージを生徒たちにわかる言葉で，折に触れて伝え，共有することが大切です。

教師のあり方

☐ 4 生徒たちの前で，よく笑っている

　生徒たちは教師の感情のあり方に敏感です。生徒たちから見たら教師の表情は天気と同じです。「晴れていてほしい」のです。機嫌の悪い教師から生徒たちはだんだんと離れていきます。中学生，高校生の場合は，反発すら覚えるでしょう。一方，機嫌のよい教師とはつながろうとします。そばにいてほしいと思います。機嫌のよさを表現するには笑顔がもっとも効果的です。よく笑う教師の教室には，生徒たちの明るい笑顔があふれます。

☐ 5 普段から自己開示をして，人間らしさを見せ，自分のしてほしいこと，してほしくないことなどの価値観を伝えている

　普段から自分の価値観を伝えておくことは，自分の指導の正当性を高める上でとても大事な行為です。自分の価値観を伝えていくことなく，いきなり叱っても，また，ほめたりしても生徒たちの納得が得られず，それが理解されない事態が起こります。また価値観を伝えるためにも，まずは，教師の好きなことや嫌いなこと，失敗したことや家族のことなどの教師の人となりを積極的に伝えましょう。そうすることにより，生徒たちとの距離が縮まることでしょう。教師の自己開示は，生徒の自己開示を促します。

☐ 6 生徒たちのよさに注目し，よくほめる

　生徒たちは教師を見て判断しています。まず，「この人は，自分に関心を向けている人かどうか」です。そして，次に「この人は，自分をプラスと思っているか，マイナスと思っているか」です。生徒たちの価値観は，非常に明確です。自分のことをプラスと思っている人の言うことを受け入れ，マイナスと思っている人の言うことは，拒否するか無視します。

　生徒たちのよさに注目し，よくほめる教師は，自分の指導性を日々高めて

いることになるのです。

☐ 7 叱ったときは，その後でフォローしたり，別なことでその3倍以上ほめたり認めたりしている

脳内では，ほめる：叱るの量的なバランスが3：1くらいで，主観的には，1：1になるそうです。叱られるほうが感情へのインパクトがあるからです。「1つ叱って1つほめる」では，生徒たちの中では，叱られた印象しか残らないのです。叱ったら叱りっぱなしにしないことが大事です。

効果がない叱り方は，生徒との関係が悪くなるばかりです。関係が悪くなったら指導はできなくなります。生徒のことをきちんとほめて認める教師が叱ったときに，その効果が表れるのです。

☐ 8 生徒たちの体調や感情のケアをしている

生徒たちに「あたたかく」接するとは，具体的にどういうことなのでしょう。まず身体面のケアです。風邪を引いた，おなかが痛いなど，本当にしんどいときに，それにしっかりと関心をもってあげることがあたたかさを示すことになります。次に，感情面への理解です。気持ちを理解するということはどういうことでしょうか。気持ちとは，喜怒哀楽などの感情です。不安なときは安心させてやり，喜びを感じているときは一緒に喜ぶなどのことが，生徒たちとの共感的関係をつくります。生徒は，共感してくれる教師を味方だと感じます。

☐ 9 保護者と良好な関係をつくろうとしていて，そのための具体的な手立てをとっている

保護者の支持は，担任にとって大きな勢力資源です。授業参観，懇談会，学級通信など，あらゆる手段を使って保護者と良好な関係を築くようにします。多くの生徒たちにとって家族は大事です。生徒たちの大事にしているものを大事にする教師を，生徒たちも大事にすることでしょう。

教師と生徒の個人的信頼関係

☐ 10 生徒たちを知ることを楽しむ

　学級集団づくりには，生徒たちとの個人的信頼関係が必須です。ここを抜かして今の学級集団づくりはあり得ません。まず，生徒たち一人ひとりに関心を向けることです。生徒たちのことを知ることを楽しむことです。生徒たちといるときは笑顔で話しかけます。また，生徒たち一人ひとりの関心をもっていることに興味をもって，聞き出すようにすると，生徒たちは教師に関心を向けられていることを自覚します。

☐ 11 生徒たちの話をよく聞いている

　私たちはどんな人を信頼するでしょうか。すごくいい話をする人と，よく話を聞いてくれる人のどちらかと言ったら，後者です。教師は，グッドスピーカーである以前に，グッドリスナーであるべきです。生徒たちの話を聞いた分だけ，教師の話は受け入れられます。逆に生徒たちの話を聞かない教師は，生徒たちに話を聞いてもらえないくらいに思っていていいのです。

☐ 12 1日に1回は，一人残らずあたたかな声をかけている

　かっこよさや面白さは，二の次です。教師と生徒たちの関わりは長期戦です。長くふれ合っているためには，あたたかさが必要です。かっこよさや面白さは，インパクトはありますが，持続性はありません。あたたかさが長く生徒たちを引きつけます。親しみのある表情で生徒の名前を呼び，あたたかく挨拶し，あたたかなひと言をかけます。ほめるべきときはほめたほうがいいですが，無理にほめなくていいのです。「なんか，嬉しそうだね」「ちょっと元気ないね。何かあった？」などと，生徒に関心を示すようにします。

☐ 13 生徒たちの名前をランダムに思い出したときに，思い出せない子がいない

　生徒たちの学級生活において，一人ひとりの居場所が必要です。では，生徒たちは，どこに居場所を見出すかと言えば，仲間や教師との人間関係の中に見出そうとします。しかし，すべての生徒たちが仲間をもてるわけではありません。まずは，教師の中にその子の居場所がしっかりとあれば，その子は，次第に生徒同士の中に居場所を見つけ出そうと行動を始めることができるでしょう。自分の中に生徒一人ひとりの居場所があるかを確かめる方法は簡単です。ときどき，生徒たちの名前をランダムに想起します。スムーズに出てくればまずは合格です。

☐ 14 中間層とつながるための具体的な手立てをもっている

　上のチェック13で，思い出せない子や，いつも後のほうになる子がいた場合は要注意です。教室には，教師の指導が入りやすい「協力層」と呼ばれる子，また，指導が入りにくい「非協力層」と呼ばれる子，そして，その間にいる「中間層」と呼ばれる子がいます。忘れてはならないのは，この中間層がもっとも多いことです。

　「協力層」はほめられることで，また，「非協力層」は注意されたり叱られたりすることで，教師の注目を得ています。しかし，「中間層」は目立たないので教師との関係性が薄くなりがちです。そうした「中間層」とつながる手立てをもち，日常的に実践することが学級を安定させます。

　一人ひとりとつながる方法はいろいろありますが，代表的な方法論は，共通の話題をもつことです。「あの子とは，あのアーティスト」「あの子とは，あのゲーム」のようにです。共通の話題を見つけるには，やはり日常のコミュニケーションや個人ノートで普段からつながっていることが大事です。

生徒同士の関係性と主体性

☐ 15 生徒同士が互いに関わることや助け合うことの大切さや意味を伝えている

　教師と生徒たちの良好な関係性だけで安定している学級は，集団として非常に脆い構造にあります。教師との関係性が悪くなったら，一気に学級が壊れる可能性があります。教師の指導性を安定させるためにも生徒同士の良好な関係が必要なのです。

　しかし，生徒たちの中には，私的グループがあれば，他の生徒と関わる必要を感じていない生徒もいます。そうした生徒たちに，人とつながるよさや助け合うことの必要性を常々伝えていく必要があります。

☐ 16 生徒同士が知り合う機会が定常的に設定されている

　関わることや助け合うことのよさを伝えた上で，実際に関わる機会や助け合うような場を設けます。スローガンだけでは生徒たちはつながりません。実際の活動を通して，つながる喜びを体験させます。

　全員が良好な関係になることが理想ですが，発達段階を考えると難しい実態もあります。まずは，生徒同士ができるだけ多く個人的に「知り合い関係」になることです。そのためには，生徒同士が関わる機会をできるだけ毎日設定します。

☐ 17 生徒同士に対人関係のルール，マナーが共有されている

　生徒たちのつながりが広がるためには，ルールやマナーの共有が求められます。私的グループの中では，「阿吽の呼吸」で生活しています。しかし，大勢と関わるためには，共通の行動規範が必要です。特にコミュニケーションルールの共有は重要です。コミュニケーションのあり方が，その集団の人間関係のあり様を示すからです。皆さんの学級には，生徒たちの間に定着し

たルールがいくつありますか。

☐ 18 生徒同士のあたたかな感情の交流がある

　皆さんの学級はあたたかいですか。一番しんどい思いをしている（学習面，生徒指導面）と思われる生徒の立場から学級を眺めてみて下さい。その生徒が困っているときにどれくらいの生徒が助けてくれますか。また，その生徒が嬉しいときにどれくらいの生徒が喜んでくれますか。一人ひとりが２割以上の味方をもっているならば，一人ひとりにとってあたたかい学級と言えるでしょう。

☐ 19 生徒たちに学習活動や学級活動に進んで取り組もうとする意欲と行動する習慣がある

　一斉指導以外の場面でも生徒たちは意欲的に活動しますか。また，いちいち声をかけなくても，生徒たちは個人学習やグループ学習や清掃などの活動ができますか。学級が育ってくると，教師の細かな指示がなくても自分たちで判断して行動するようになります。このような学級では，教師に注意されなくてもルールを守り，また，仲間同士で学び合ったり助け合ったりする姿が見られるようになります。

☐ 20 生徒たちが主体的に行動するシステムがあり，それが機能している

　よりよい生活のあり方を願って「イベントをしたい」，「クラスのルールをつくりたい」，「困っているから相談したい」などの声が生徒たちから上がるでしょうか。そうした声を吸い上げるシステムがあり，そのための話し合うような場が定常的に設定されているかどうかです。また，場を設定しているだけでなく，生徒たちがそこで，楽しいことを企画したり，学級生活に必要なルールをつくったり，問題を解決しているかどうかです。こうしたことができる学級を自治的集団と呼びます。

★学級集団づくり20ポイントチェック表

できている項目に○を付けてみましょう。

時期 カテゴリー	項目	1期 4-5月	2期 6-7月	3期 9-10月	4期 11-12月	5期 1-2月	GOAL 3月
【Ⅰ】 ゴールイメージ	1						
	2						
	3						
【Ⅱ】 教師のあり方	4						
	5						
	6						
	7						
	8						
	9						
【Ⅲ】 教師と生徒たちとの個人的信頼関係	10						
	11						
	12						
	13						
	14						
【Ⅳ】 生徒同士の関係性と主体性	15						
	16						
	17						
	18						
	19						
	20						
計（ポイント）							

3 いつも自分のあり方を見つめながら学級を見る

　これらのチェック項目に照らして，学級集団づくりを定期的に診断することをお勧めします。学級集団づくりの問題は，長期戦ですから，はっきり言えば，

自己管理の問題

です。いかに安定したリーダーシップを発揮し続けるかということです。でも，そんなに堅苦しく考えないで下さい。ダイエットしている人は毎日体重測定をするでしょう。それなりの年齢になれば，毎年人間ドックに行くでしょう。そんな感じでいいと思います。各期の末日あたりにチェック日を設けるといいでしょう。こうした評価は「定点観測」するように，同じ時期にするのが望ましいです。第1回目の評価は，5月の末日ということになります。3月は，チェック項目による評価とともに，学級のゴールイメージが実現できたかどうかも確かめてみて下さい。

　最後にちょっとした注意事項を申し上げます。ゴールイメージを実現することに躍起になると，ますますゴールが遠ざかります。学級集団づくりは生徒たちとの協働作業です。生徒たちの心が離れてしまったら，ねらいを達成することはできません。カテゴリーⅠ「ゴールイメージ」を達成するために，カテゴリーⅡ「教師のあり方」〜Ⅳ「生徒同士の関係性と主体性」があると考えて下さい。Ⅱ〜Ⅳは，優先順位を示しています。生徒たちのパフォーマンスは当然ながら，Ⅳに見られます。Ⅳの不具合は，ⅡやⅢ，それもⅡであることが多いのです。

　「自分のあり方が，学級のあり方をつくる」ことを自覚するのが，学級集団づくりの成功の第一歩です。

　　　　　　　　　　　　　　　　　　　　　　　　　　　　赤坂　真二

☆あとがき　〜現在から過去を見つめ,未来の自分へ〜

　私が教員になった年，同じ高学年部を組んでいた先生から，1冊の本を紹介していただきました。三上満さんの『眠れぬ夜の教師のために』という本です。私が教員になって初めて読んだ教育関係の本でした。
　その一節に，
「教師の仕事は，つまるところ，不完全な教師がよりいっそう不完全な子どもたちと不完全さを共有しながら育ち合っていく」
という言葉がありました。今でも忘れられない言葉として私の中に刻まれています。
　実は初任の年も非常に苦しい1年間を過ごしました。おそらく，私が日々しんどい顔をして生活している様子を見かねて，声をかけて下さったのでしょう。
　初めて1年生の担任をした3年目。打ちのめされるような出来事が起こり，目の前が真っ暗になったとき，藁にもすがる思いで参加したセミナーで，初めて赤坂真二先生と出会いました。
　赤坂先生の話をうかがい，「このような素敵な関わり方があるんだ」と思い，そこから必死で学びました。
　さまざまなことを学び，少し自信がついてきた頃，中学校に異動しました。
　初めての中学校は慣れないことが多く，特に初めて受けもった2年生の生徒と過ごした時間は正直，苦しさばかりが思い出されます。
　トラブルもたくさん起きました。本書に書けないこともいくつも起きました。それでも，何とか乗り越えることができたのは，学年団の先生方が支えてくれたからでした。
　また，その時々で私という不完全な人間に出会ってくれ，共に悩み，笑い合いながら過ごした生徒の存在があったから乗り越えられました。
　私のような凡庸な人間も多くの人との出会いや支えがあって，何とかここ

までやってくることができました。

　今回，赤坂真二先生からお声がけいただき，中学校での自分の実践をまとめるというこれ以上ない機会をいただくことができました。

　しかし，中学校勤務経験のほうが少ない私が，読者のみなさんにお見せできる実践は何か……。いろいろと考えましたが，

自分という，教師のあり方を，人間のあり方をありのままにお見せしよう

という考えに至り，本書を書かせていただきました。

　本書には私が今まで学んだことや，感じたことのすべてを詰め込みました。今の私に書ける精一杯のものです。

　私には人生のゴール像があります。

私と出会ってくれたすべての人に「あなたと出会えてよかった」と言ってもらえる人間になりたい

ということです。

　私は教師としても，人間としてもまだまだ不完全です。少しでも人生のゴール像に近づけるように精進していきます。

　最後になりましたが，本書を発刊するにあたり，多大なるご尽力をいただきました明治図書の及川誠様，私に多くの学びをもたらし，単著執筆というこれ以上ない期待をかけてくださった赤坂真二先生，私にこれまで出会い，支えてくれたすべての方々に心から感謝申し上げます。

　そして，私のつたない文章を最後までご覧いただきました読者の皆さんにも深謝です。本当にありがとうございました。

　私に関わるすべての方々のご多幸をお祈り申し上げ，筆を置きたいと思います。

　　　　　　　　　　　　　　　葉月晦日，蝉時雨を BGM に……。

　　　　　　　　　　　　　　　　　　　　　　　久下　亘

【引用文献】
(1)(2)(17)　堀裕嗣『よくわかる学校現場の教育原理』明治図書，2015
(3)　赤坂真二『スペシャリスト直伝！　学級を最高のチームにする極意』明治図書，2013
(7)(10)　堀裕嗣『必ず成功する「学級開き」　魔法の90日間システム』明治図書，2012
(8)　文部科学省「初等中等教育における教育課程の基準等の在り方について（諮問）」　2014
(9)　溝上慎一『アクティブラーニングと教授学習パラダイムの転換』東信堂，2014
(11)(12)　杉江修治『協同学習入門　基本の理解と51の工夫』ナカニシヤ出版，2011
(13)　文部科学省「中学校職場体験ガイド」　2005
(14)　栗原慎二・井上弥編著『アセス（学級全体と児童生徒個人のアセスメントソフト）の使い方・活かし方』ほんの森出版，2010
(15)　田中博之『学級力向上プロジェクト「こんなクラスにしたい！」を子どもが実現する方法　小・中学校編』金子書房，2013
(16)　赤坂真二編著・岡田広示著『学級を最高のチームにする！　365日の集団づくり３年』明治図書，2016
(18)(19)(20)　堀裕嗣『必ず成功する「行事指導」魔法の30日間システム』明治図書，2012
(21)　松村明編「大辞林第三版」三省堂，1988

【参考文献】
(4)　堀裕嗣『必ず成功する「学級開き」　魔法の90日間システム』明治図書，2012
(5)　エリザベス＝バークレイ，パトリシア＝クロス，クレア＝メジャー『協同学習の技法』ナカニシヤ出版，2009
(6)　内閣府「平成28年版　子供・若者白書」2016
(17)　堀裕嗣編　「THE　手帳術」明治図書，2015

【編著者紹介】

赤坂　真二（あかさか　しんじ）

1965年新潟県生まれ。上越教育大学教職大学院教授。学校心理士。19年間の小学校勤務では，アドラー心理学的アプローチの学級経営に取り組み，子どものやる気と自信を高める学級づくりについて実証的な研究を進めてきた。2008年4月から現所属。研究力と実践力を合わせもつ教員を育てるため，教師教育にかかわりながら講演や執筆を行う。

【著者紹介】

久下　亘（くげ　わたる）

1981年宮城県生まれ。群馬県公立学校教諭。8年間の小学校勤務を経て現職。現在，中学校勤務5年目（平成28年度現在）。小学校在籍時に上越教育大学教職大学院で赤坂真二先生に師事し，協同学習とクラス会議をベースにした自治的集団を育てる学級づくりを研究した。修了後は自らの学びを教室実践を通して実証的研究にすべく奮闘している。冬はスノーボードに夢中。共著に『信頼感で子どもとつながる学級づくり』，『やる気を引き出す全員参加の授業づくり』（ともに明治図書）他多数。

学級を最高のチームにする！
365日の集団づくり　中学2年

2017年3月初版第1刷刊 2021年11月初版第4刷刊 ©	編著者　赤　坂　真　二
	著　者　久　下　　　亘
	発行者　藤　原　光　政
	発行所　明治図書出版株式会社

http://www.meijitosho.co.jp
（企画）及川　誠（校正）姉川直保子
〒114-0023　東京都北区滝野川7-46-1
振替00160-5-151318　電話03(5907)6704
ご注文窓口　電話03(5907)6668

＊検印省略　　組版所　長野印刷商工株式会社

本書の無断コピーは，著作権・出版権にふれます。ご注意ください。

Printed in Japan　　ISBN978-4-18-274226-2

もれなくクーポンがもらえる！読者アンケートはこちらから →

THE教師力ハンドブック

汎用的能力をつける アクティブ・ラーニング入門

会話形式でわかる社会的能力の育て方

西川　純 著

「えせアクティブ・ラーニング」にならないための秘訣

AL入門，第3弾。「なんちゃってアクティブ・ラーニング」ではない，子ども達に社会で生き抜くジェネリックスキル・汎用的な力をつける授業づくりとは？学校でつける一生役に立つ社会的能力が子どもの未来を切り拓く！アクティブな授業づくりの極意を会話形式で伝授。

四六判　144頁
本体1,760円+税
図書番号2612

アクティブ・ラーニングをどう充実させるか

資質・能力を育てるパフォーマンス評価

西岡加名恵 編著

本質的な問いから探究を生む「パフォーマンス評価」実践集

「アクティブ・ラーニングにおいて評価はどうすれば？」そんな疑問に応える「パフォーマンス評価」実践集。アクティブな活動を充実させる「パフォーマンス課題」を活用した各教科の授業＆評価モデルを収録。ポートフォリオやルーブリックを活用した探究も徹底サポート。

A5判　144頁
本体1,800円+税
図書番号2589

「教師を辞めようかな」と思ったら読む本

新井　肇 著

事例＆教師自身の語りでまとめた現場教師への応援歌！

学校現場では，教師の疲弊する声が多く聞かれます。多くの教師たちが，「辞めたい」と思うまでに追いつめられるのはなぜなのか。また，そのような危機をどのようにすれば乗り越えられるのか。具体的な事例＆教師自身の語りで，現場の先生へのエールとしてまとめました。

四六判　144頁
本体1,600円+税
図書番号1808

学級を最高のチームにする極意

アクティブ・ラーニングで学び合う授業づくり

小学校編　中学校編　赤坂真二 編著

各教科におけるアクティブ・ラーニング成功の秘訣！

アクティブ・ラーニングは「主体的で協働的な学習者の育成」が核です。それには教科の特性を踏まえた，主体的に追究できる課題づくり＆授業の展開が必要です。本書では協働を実現した成功実践モデルを各教科にわたって豊富に紹介しながら，成功の極意をまとめました。

小学校編
A5判　152頁　本体1,700円+税
図書番号2556

中学校編
A5判　144頁　本体1,660円+税
図書番号2557

明治図書　携帯・スマートフォンからは **明治図書ONLINE へ**　書籍の検索，注文ができます。▶▶▶

http://www.meijitosho.co.jp　＊併記4桁の図書番号（英数字）でHP，携帯での検索・注文が簡単に行えます。

〒114-0023　東京都北区滝野川7-46-1　ご注文窓口　TEL 03-5907-6668　FAX 050-3156-2790